回首初心丛书

抉择

中共一大代表人生路

红船精神研究院〔编〕

史晴〔著〕

中共党史出版社

图书在版编目（CIP）数据

抉择：中共一大代表人生路 / 史晴著 . -- 北京：中共党史出版社，2021.9（2022.4 重印）
ISBN 978-7-5098-5934-6

Ⅰ . ①抉… Ⅱ . ①史… Ⅲ . ①中共一大 (1921) —代表—列传 Ⅳ . ① K827=6

中国版本图书馆 CIP 数据核字 (2021) 第 150086 号

出版发行：中共党史出版社
责任编辑：姚建萍
责任校对：申宁
责任印制：段文超
社　　址：北京市海淀区芙蓉里南街 6 号院 1 号楼
邮　　编：100080
网　　址：www.dscbs.com
经　　销：新华书店
印　　刷：北京中科印刷有限公司
开　　本：170mm × 240mm　1/16
字　　数：180 千字
印　　张：14.5
印　　数：7001—10000 册
版　　次：2021 年 9 月第 1 版
印　　次：2022 年 4 月第 2 次印刷
ISBN 978-7-5098-5934-6
定　　价：40.00 元

“回首初心”丛书编委会

序

中央马克思主义理论研究和建设工程咨询委员会委员
原中共中央党史研究室副主任　李忠杰

回首1921年的7月23日，中国共产党第一次全国代表大会在上海开幕。7月30日晚，受到法租界巡捕的侵扰而被迫中断。后来转移到浙江嘉兴南湖的一艘游船上，举行了最后一天的会议。这艘历史性的红船，在北京孕育、在上海制造、在南湖起航，成为中国共产党创建及其精神的形象化标志。几十年来，这艘红船停泊在南湖湖心岛边，承载着当年的初心和使命，见证着时代的风雨和进步，成为人们心中永不褪色的丰碑。

历史总是在永不止息地向前发展，不可能一直停留在原点。但这个原点有着我们的根、有着我们的魂、有着我们的初心，所以，我们也不能够忘记这个原点。不论我们走多远，都要记得当初为什么出发，都要在前进征途中不断地回首初心和使命。

2002年10月22日，习近平同志调任浙江工作后的第10天，就专程到嘉兴南湖瞻仰红船。他说，如果我们的党员同志能够到南湖“看一次展览，听一次党课，学一次党章，观一次专题片，瞻仰一次红船，重温一次入党誓词”，将有助于“精神传承、思想升华”。2005年6月21

日，他在《光明日报》上发表《弘扬“红船精神” 走在时代前列》的重要文章，首次提出并阐释红船精神。中国共产党的建立，充分展现了开天辟地、敢为人先的首创精神，坚定理想、百折不挠的奋斗精神，立党为公、忠诚为民的奉献精神。红船精神就是其重要体现。2017 年 10 月 31 日，党的十九大闭幕仅一周，习近平总书记就带领中央政治局常委瞻仰上海一大会址和嘉兴南湖红船，重温入党誓词，再次深情阐述红船精神，号召全党“要结合时代特点，大力弘扬红船精神”。

习近平总书记在庆祝中国共产党成立 100 周年大会上指出：“一百年来，中国共产党弘扬伟大建党精神，在长期奋斗中构建起中国共产党人的精神谱系，锤炼出鲜明的政治品格。历史川流不息，精神代代相传。我们要继续弘扬光荣传统、赓续红色血脉，永远把伟大建党精神继承下去，发扬光大！”

近几年来，嘉兴市委及有关部门和单位，在上级有关部门和专家的指导下，以高度的政治责任感做了大量工作。市委专门部署成立课题组，深入开展对中共早期组织及其成员和一大南湖会议的研究，取得了重要成果。现在，在党的百年诞辰之际，红船精神研究院以多年研究的积累为基础，将最新的学术研究成果通俗化、大众化，组织编写完成了“回首初心”丛书。这套丛书共有三册，分别是《曙光——8 个中共早期组织的创建》《星火——中共早期党员寻踪》和《抉择——中共一大代表人生路》。

“回首初心”丛书，以望远镜和显微镜的方式，回到 100 年前中国共产党的历史起点，细致入微地解析最早一批共产党人的思想和活动，梳理党的早期组织的创建始末，聚焦和展示了 100 年前中国共产党原生态的初心，从而使我们对中国共产党最早最真实的初心有了更加真实和具体的了解和认识。

其中，《曙光——8 个中共早期组织的创建》一书，系统记录和阐述了8个中共早期组织的创建背景、成立经过、组织成员和活动业绩。以此所展现的中国共产党的初心，给人以具体鲜活的感觉，生动而不呆板，具体而不抽象，人人都能感受和体验。该书注重通过对当年社会状态的考察和对具体数据的分析，揭示中共早期组织的形成背景，从而说明中国共产党创建的历史必然性。例如，在介绍上海共产党早期组织的创建时，通过分析1911年至1920年上海经济发展的数据，说明经济发展为上海工人运动的发展、思想文化的繁荣提供了基础。同时还列举了该阶段上海工人总体人数与工种数量的演变，以及工人工作时长与生活成本等具体数据，使得论证的说服力得到增强。在介绍《星期评论》与李汉俊在早期马克思主义传播的贡献时，给出了刊物的发行量、文章数量以及李汉俊所发表的与马克思主义传播有关的文献数量。将定性研究与定量研究相结合，是该书论述中共早期组织形成背景的一大优点。该书系统梳理了8个中共早期组织的活动业绩，使读者更为直观、明晰地了解到中共早期组织的活动轨迹和历史贡献，了解到面对灾难深重的中国，早期共产党人如何通过博览群书、翻译经典，或者寻访世界、遍求真理，孜孜探求解救中国的道路和方式，从而使我们更加真切地感受到他们以救国救民为己任的责任之心。

《星火——中共早期党员寻踪》一书，以集体传记的形式，将一大召开时早期共产党员的事迹汇集起来，以大致相同的篇幅介绍每个人物的生平。他们分布在上海、北京、武汉、长沙、广州、济南和法国巴黎、日本东京8个地方，他们以共同的心愿和心志，积极创建中国共产党，揭开了一个伟大历史进程的序幕。他们基本上都受过中等以上的教育。有的是参加过辛亥革命的同盟会老会员，很多是五四运动前后出国留学的知识分子，还有在五四时期成长起来的左翼青年学生。他们大多数都是五四新文化运动中的活跃分子，大部分人的职业是教师、编辑、记者或学生。他们的家境都不算差，因此，他们投身革命，参与建党，并不是迫于生计，更不是为了个人。促使他们走到一起的，是自觉肩负的救国救民的社会责任和担当。他们中间，在革命中牺牲、病逝、失踪的有21人。坚持到革命胜利成为党和国家领导人的有4人。因各种原因脱党退党的有23人，其中脱党后又恢复党籍参加革命工作的有5人。被开除党籍的有10人，当然这其中也有是不公正的；真正叛党的只有沈玄庐、张国焘2人；陈公博、周佛海、宋介3人是脱党后沦为汉奸的。从这些情况看，他们虽然历经大浪淘沙，但绝大多数还是经受了考验，做到了矢志不渝。

由于选取人物众多，如何通过简短的文字，准确地介绍早期党员的事迹和特质，是写作中的一个难点。该书既注意选取典型事迹，又注重对这些党员的生平作大致的勾勒。每个党员的事迹都概括为3—5个阶段，分别介绍这些党员不同阶段的主要事迹和主要贡献。例如，在讲述林伯渠的故事时，主要选取了林伯渠在辛亥革命、国共合作、长征、开国大典时期的事迹，每个时期选取一项重大事件讲述，包括参加同盟会、促成国共合作、担任红军财政部长、主持开国大典等。这些事迹，既是林伯渠的主要人生经历，也是这位共产党元老带着初心一步步前进的真实写照。该书对刘清扬的介绍，主要选择了早年参加学生运动、加入中共早期组织、为国民革命奔走以及参加抗战的故事，展现了一位英勇、刚烈的回族女党员的形象。正因为选取了这些早期党员的典型事迹，因而能够透过现象直达本质，深刻挖掘出早期共产党人原生态初心的内涵。

《抉择——中共一大代表人生路》一书，以党的一大代表的微观视角反映了中国共产党锤炼初心的历程。参加一大的代表，年龄最大的45岁，最小的19岁，30岁以下的9人，平均年龄28岁。他们怀揣救国救民的理想抱负，走到我们党的历史起点，但后来，又因种种原因并没有一路同行到底，而是各自书写了跌宕起伏、命运迥异的人生。这些代表的道路和结局，大致可分为五类。第一类，毛泽东、董必武，在长期革命斗争中经受考验，成为了党和国家领导人。第二类，陈潭秋、何叔衡、邓恩铭、王尽美，英勇奋斗一生，先后牺牲或病故。第三类，李达、李汉俊，因不满陈独秀家长制作风等原因退党，但仍坚持马克思主义信念。第四类，包惠僧、刘仁静，一度误入歧途。第五类，张国焘、陈公博、周佛海，叛变投敌，沦为罪人。同一个起点，不同的归宿。要用一个词来概括，那真是：大浪淘沙！这里面，有激励，有感慨，也有唏嘘，更有警示！2017年10月31日，习近平总书记在带领中央政治局常委瞻仰一大会址时，对着一大代表们的浮雕，一一列数他们的姓名，赞叹英雄辈出，也感叹大浪淘沙。

为了避免与《星火——中共早期党员寻踪》内容的重复，该书主要选取一大代表们在人生道路上、在中国革命重大危机和转折关头所作的人生抉择，挖掘其人生抉择背后的原因，考察他们信仰的纯真度、坚韧度。面对艰难复杂的革命环境，面对顽固残忍的反动派，面对一时强大的侵略者，是选择坚持初心，还是背离初心？成为一大代表不断面临的艰难抉择。例如，李达作为中共一大的筹备者、当选为中央局宣传主任，虽然在1923年因为跟陈独秀有分歧而脱离党组织，但是并未忘记自己的初心。之后，李达仍然坚持从事马克思主义思想的研究、传播和教学，仍然帮助党组织开展宣传和组织活动。也正因为李达初心未改，1948年，毛泽东、刘少奇等批准他重新加入党组织。历史证明，坚持初心者，千古流芳；背离初心者，遗恨千古。初心不可丢、不可改、不可退，坚持初心才有革命的胜利，才有新中国，才有新时代。张国焘叛党、刘仁静离开革命、陈公博和周佛海背叛祖国，当他们做出这些选择时，可还记得自己的初心？该书通过人物对比的方式论述初心，发人深省，感染力强，有助于强化对初心的感知。对比同一党员前后人生道路的选择，我们可以认识到，拥有初心何其珍贵！背离初心何其可叹！事实说明，初心的建立不是一劳永逸的，必须不断地坚守和升华。

从这三本书的内容和角度，我们可以看出这套丛书的基本特点。

一是微观切入，还原历史。在研究视角上，本套丛书以微观聚焦的方式来回首初心，更为真实、更为具体地展现了原生态的初心。研究初心，可以有多种视角。较多的是从宏观角度论述中国共产党的初心。而微观聚焦的优势在于，能够从细微处把握宏观，进而加深对宏观事物的理解。丛书从微观视角进行的分析，注重考察初心的现实性、具体性，分别按照时间先后顺序和事物的相近性归类编撰，使中共早期组织创建的历史脉络、中共早期党员的故事、中共一大代表个人命运与国家命运、时代脉搏的连结得到集中的展现，从纷繁复杂的史事中抽丝剥茧还原了历史真相，再现了当年风云变幻之时共产党人为人民谋幸福、为民族谋复兴的初心，以及坚守这份初心所体现出的责任担当和使命情怀。

二是定性定量，互相映照。目前，定性分析仍然是史学界的主导方法，定量分析的成果仍然较少。一般只有在研究经济、人口、战争等事件时才会采取定量方式，而涉及政治、文化等抽象的研究对象时，就较少采取定量研究的方式。本丛书采取了定性和定量相结合的方式。很多地方列举了具体的数据，通过数据增强论证的力度，从而提高论述的可靠性和结论的可信度。研究方法的创新，使得丛书对初心的回首和分析更具说服力。丛书虽然分为三本，但在主题上、内容上互为关联。将历史的细节放入整个历史的洪流中，在娓娓道来的叙述中揭示历史的客观规律。早期党员的人物故事为中共早期组织的创建埋下伏笔，8 个早期组织的创建为中共一大的成功召开奠定基础，而中共一大完成建党任务离不开一大代表所作出的历史抉择。每一个环节都符合历史逻辑，环环相扣，映照出可敬可佩、一片赤诚的初心。

三是内外汇聚、归于初心。丛书对中共早期组织、中共早期党员、中共一大代表的介绍和论述角度不同，但指向一致。丛书的主题是“回首初心”，如何回首、回首的初心是什么？是需要丛书集中回应的。“回首初心”丛书通过回望早期共产党人如何以首创精神寻找救国救民的真理，如何以百折不挠的奋斗精神建立党的早期组织、召开党的一大，完成创建共产党的伟业；在此后的征程中，又是如何坚定理想信念，将马克思主义与中国实践相结合，开创了有中国特色的革命和建设道路，从而集中向读者展示了“为中国人民谋幸福、为中华民族谋复兴”的初心和使命。丛书的三个分册融汇在一起，就是早期共产党人“初心之所在”。

回首初心，我们为了什么？

回望初心是向后看，但根本目的是向前看。初心不变，但时代条件和现实情况却不断发展和变化。因此，不忘初心、牢记使命需要面对各种新情况新问题的挑战。马克思恩格斯从理论上揭示了社会主义社会、共产主义社会的历史趋势，但是他们不可能预见各个社会主义国家的具体情况，更不可能预见共产党作为执政党将要面对的各种风险和挑战。

我们党应对执政考验的态度一贯清醒而坚定，基本思路是“赶考”。时代是出卷人，我们是答卷人，人民是阅卷人。这样的清醒和坚定，来源于摆正党和人民的关系，从而使我们党勇于为人民利益而进行刀刃向内的自我革命。

中国特色社会主义进入新时代，对于全党、对于每一个党组织和每一名共产党员来说，都是深切的历史召唤，更是一份沉甸甸的责任。新时代下，中国共产党的初心和使命必然要接受更为严格、更为庄重的拷问。

习近平总书记强调，“党面临的‘赶考’远未结束”，要“始终保持奋发有为的进取精神，永葆党的先进性和纯洁性，以‘赶考’的清醒和坚定答好新时代的答卷”。“赶考”集中体现了中国共产党以人民为中心的执政理念和谦虚谨慎尊崇人民意愿的态度。“赶考”永远在路上，彰显了我们党时刻自省、永不懈怠的革命精神。

小小红船，承载千钧。红船精神是伟大建党精神的重要体现，昭示着中国共产党人的初心和使命。“为中国人民谋幸福、为中华民族谋复兴”，这个初心和使命，始终是激励中国共产党人不断前进的根本动力。

希望“回首初心”丛书的问世，能够对广大读者更好地理解和把握初心，激励我们不忘初心、牢记使命，发挥应有的作用。

目录

前　言

100 年前的 7 月 23 日晚，中国共产党第一次全国代表大会在法租界望志路 106 号的一座石库门寓所里开幕。参加会议的代表是：李达、李汉俊、张国焘、刘仁静、毛泽东、何叔衡、董必武、陈潭秋、王尽美、邓恩铭、陈公博、周佛海；受陈独秀派遣包惠僧出席了会议。其中，年龄最大的 45 岁，最小的只有 19 岁，平均年龄不到 28 岁。从此，在古老落后的中国大地上，出现了一个完全新型的、以马克思主义为行动指南的无产阶级政党。

19 世纪末 20 世纪初，中日甲午战争的失败和八国联军的入侵，更加剧了鸦片战争后降临中国的民族危机。辛亥革命虽然将古老的东方帝国纳入了近代世界的潮流，然而，这场资产阶级民主主义革命并未给中国带来实质性的变化，中国社会依旧是一个半殖民地半封建社会，中华民族仍在水深火热中挣扎。俄国十月革命和五四运动相继爆发后，马克思主义在中国大地上广泛传播。当时，一批勇敢探索救国救民真理和道路的先进知识分子，经过比较，做出了具有伟大历史意义的选择：信奉马克思主义，以社会主义改造中国社会为己任。中共一大代表就是这样一个先进知识分子群体。

人生不是只有一次抉择。中共一大以后，代表们在腥风血雨的反帝反封建的革命斗争中，一再经受了考验。在大革命的洪流中，王尽美赴汤蹈火到生命的最后一刻；李汉俊在复杂的党内外斗争中脱党，但仍继续奋斗，直至为革命献出生命；李达脱党但不放弃信仰，专心研究宣传马克思主义；陈公博、周佛海则投入国民党的怀抱。

大革命失败后，革命处于低潮，毛泽东、董必武、陈潭秋、何叔衡、邓恩铭、张国焘等继续坚持革命，开始了对中国革命道路的重新探索，从武装反抗国民党，创建红军，到建立革命根据地，逐步走出了一条农村包围城市，最后夺取城市的新的革命道路。在艰苦的革命斗争中，邓恩铭、何叔衡、陈潭秋成为英名永存的革命烈士。张国焘分裂中央，叛投国民党；刘仁静、包惠僧在艰难曲折的革命斗争中落伍退却，离开了革命阵营。在中华民族最危险的时刻，陈公博、周佛海背叛了自己的祖国和民族，成为仅次于汪精卫的第二、三号大汉奸。

人的一生会面临多次抉择，而每一次抉择都将决定一个人的道路和结局。当年中共一大代表作出的人生抉择，无疑给了人们深刻的启迪。

坚定信念　奋斗终生

中共一大代表中最终走到革命胜利的仅有毛泽东和董必武两人。他们同时参加一大会议，又一起登上天安门城楼参加开国大典。他们人生抉择的最大共同点就是在中国革命的关键时刻和重要时期始终坚定信念，坚守真理，在党的旗帜下奋斗，将人生的辉煌与党的伟业融为一体。

毛泽东

毛泽东出生的时代，中国社会积贫积弱，人民生活水深火热。“国家坏到了极处，人类苦到了极处，社会黑暗到了极处。”[①] 改造民族与国家，为人民创造幸福生活成为毛泽东人生的最终目标。早年，毛泽东放弃父亲为自己设定的传家兴业、发家致富的人生之路，走出乡关，立志求学，通过对各种社会思潮的反复比较，在革命斗争历练中找到了马克

① 中共中央文献研究室、中共湖南省委《毛泽东早期文稿》编辑组编：《毛泽东早期文稿》，湖南人民出版社 2008 年版，第 338 页。

思主义。作为长沙共产党早期组织的创建人，毛泽东参加中共一大，逐步崭露头角；大革命失败，中国革命处于低潮，毛泽东高举革命的红旗，选择去农村，去国民党统治薄弱的地区，开辟了一条农村包围城市，武装夺取政权的新道路；20 世纪 30 年代，在王明“左”倾教条主义错误几乎葬送革命成果的紧要关头，毛泽东力挽狂澜，把革命事业坚持下来并推向前进；在中华民族生死存亡的危急关头，毛泽东提出抗日民族统一战线的新政策，推动全民族抗战，中国共产党成为抗日战争的中流砥柱；抗战胜利后，从争取和平民主到进行自卫战争，最终建立新中国，无不昭示着毛泽东的大智慧。毛泽东的人生与国家民族的命运紧密相连，他是中国共产党、中国人民解放军、中华人民共和国的主要缔造者和领导人。

走出韶山　以求新学

毛泽东，字咏芝（后改润之），1893 年 12 月 26 日出生在湖南省湘潭县韶山冲一个农民家庭。母亲文素勤，在家排行第七，人称文七妹。因前有两个儿子都不幸夭折，她就把毛泽东抱到娘家唐家坨的一座石观音小庙边，叩拜一块巨石作“干娘”。因毛泽东排行第三，取乳名“石三伢子”。母亲心地善良、为人慷慨，每逢荒年旱月，常会背着丈夫悄悄送些米粮接济贫苦的乡亲，儿少时代的毛泽东耳濡目染。可以说，母亲的善良给了他为天下劳苦大众翻身解放而坚定奋斗的最初精神力量。父亲毛贻昌性格倔强刚毅，精明能干，克勤克俭。他让毛泽东从小学记账、打算盘，一心要把孩子培养成兴业传家的人。从六岁起，毛泽东就帮家里干活，进私塾后，早晨和放学后要放牛、割草，干零碎的农活，13 岁后，就跟父亲在田里劳动。生活的艰苦，人生的不易，造就了毛泽东倔强的性格和百折不挠、刻苦奋斗的精神。

1919年10月毛泽东和父亲毛贻昌（左二）、堂伯父毛福生（左三）、弟弟毛泽覃在长沙合影。

毛泽东两岁多在唐家坨外祖父家度过了无忧无虑的童年，跟着在家开蒙馆的八舅文正莹受到书本的熏陶。九岁那年，他回韶山，进私塾上学，熟读“四书”“五经”等传统典籍，也爱读中国古代传奇小说。《精忠传》《水浒传》《三国演义》《西游记》《隋唐演义》等书中农民起义造反的故事，使他印象深刻。他还发现小说中的英雄、书生是不种田的，田是他们的，农民替他们种。[①]他认为这是不平等的，农民一定会反抗。1910年4月，湖南闹饥荒，长沙市民饥肠辘辘，自发结队到湖南巡抚衙门请愿，请求开仓救济，平价粜米，却遭到蛮横无理的对待。被激怒的饥民冲进衙门，砍断旗杆，驱赶巡抚，最后发展到开仓抢米。这印证了毛泽东的推断，后来他说，这件事影响了他的一生。

13岁，毛泽东辍学在家。白天不停劳动，什么活都干，晚上很快算好记完父亲要求的家庭理财账，便一头钻进自己的房间，在桐油灯

① 参见金冲及：《毛泽东传（1893—1949）》，中央文献出版社1996年版，第6页。

下，不知疲倦地阅读直至深夜。在辍学的两年多时间里，毛泽东读了当时能找到的一切书籍，为读一本书可以走上二三十里山路。这期间，有几本书对他影响很大，郑观应的《盛世危言》、冯桂芬的《校邠庐抗议》和一些呼吁救亡图存的小册子，这些书使他开始了解发生在山外的大事，萌发了救国救民的意识，激起了继续求学的愿望。1909 年，毛泽东复学，私塾先生李漱清是维新派，引导他接触新学。

父亲毛贻昌认为儿子读书的目标已经实现，打算把他送到湘潭县城一家米店当学徒，而接触了新学的毛泽东不肯遵从父亲的意愿，要到邻县湘乡的新式学堂东山高等小学续学。在母亲、弟弟、舅舅、表兄、老师等劝说下，父亲终于改变主意。离开家乡前，毛泽东在父亲经常检查的账本里留下了一首改写的言志诗：孩儿立志出乡关，学不成名誓不还！埋骨何须桑梓地，人生无处不青山。反映了少年毛泽东志存高远、胸怀天下的抱负。

在东山高等小学堂，毛泽东学习中外历史、地理以及自然科学等新课程。从在日本留过学的教员那里，他了解到中国以外的世界，从一本世界英杰传里，读到拿破仑、叶卡特琳娜女皇、彼得大帝、华盛顿、卢梭、孟德斯鸠和林肯的事迹。他还特别爱读康有为谈维新变法的文章和梁启超主编的《新民丛报》，对康、梁关于君主立宪主张产生浓厚的兴趣。他以顾炎武的名言“天下兴亡，匹夫有责”的寓意，取名“子任”，来表达自己的志向。

1911 年春，毛泽东来到向往已久的长沙，在湘乡驻省中学堂读书。时值辛亥革命前夕，革命思潮涌动，他第一次看到了同盟会办的《民立报》，接触到许多革命言论。广州黄花岗起义的消息，使毛泽东的思想受到猛烈冲击，他写了一篇时政评论文章，贴在学校的宣传栏里。同年秋，孙中山领导的辛亥革命爆发，毛泽东投笔从戎，在湖南新军中当了半年兵。当兵每月可得七元饷银，他从不乱花，除二三元伙食费，其余几乎都用在书报上。在军营里，报纸成了毛泽东了解世界的一个窗口，从此养成读报的习惯，即便后来在战争年代也从未间断过，终生如此。

1913年，在湖南省立第四师范学校求学的毛泽东

1912年3月，毛泽东以第一名的成绩考进了湖南省立一中，学了一段时间，发现中学开设课程太浅、校规刻板，便效仿康有为、梁启超退学自修。他订了一个自修计划，每天在长沙定王台湖南省立图书馆读书，在那里，第一次看到了世界地图，才知道世界很大，要学的东西很多。他阅读了大量书籍，卢梭的《民约论》、达尔文的《物种起源》、亚当·斯密的《原富》、孟德斯鸠的《法意》等，对18、19世纪资产阶级思想有了较为系统的接触和思考。然而，父亲认为自学会荒废学业，要断绝对他的经济资助。1913年春，毛泽东考入不收学费且膳宿费低廉的湖南第四师范。一年后的2月，第四师范与第一师范合并，毛泽东在湖南第一师范前后学习长达五年半。

就读湖南一师　创办新民学会

在湖南第一师范读书的岁月，是毛泽东一生成长的关键阶段。学校拥有一批知识渊博的优秀教师，如杨昌济、徐特立、黎锦熙、方维夏、王季范、袁仲谦等，对毛泽东影响很大，尤其是杨昌济和徐特立。1915年上半年，杨昌济指导毛泽东、蔡和森、萧子升等人组织了一个哲学研究小组，每逢周六周日，这些学生就在老师家中，一起讨论读书心得。黎锦熙在1915年的日记中记载，毛泽东从4月4日到8月29日，利用周六周日到芋园他的住处拜访求教近20次，求教内容包括读书方法，研究科学之术，改造社会等。9月份他去北京工作后，毛泽东在信件中还表示："甚愿日日趋前求教。"黎锦熙对毛泽东十分赏识，他在7月31日的日记中这样写道："在润之处观其日记，甚切实，文理优于章甫，笃行两人略同，皆可大造"①。

湖南一师是一所开明的学校，能够自由地接触到各种社会思潮，在这里，毛泽东获得了比较系统的知识和学问。他在给好友萧子升的信中，开列了77种古代经、史、子、集的著作作为研究学问的必读书目。从先秦诸子到明清思想家的著作，如二十四史、《资治通鉴》《昭明文选》《韩昌黎全集》《读史方舆纪要》，甚至本省县志，都在他阅读的范围里，打下了深厚的传统文化功底。他也研读各国历史、地理和大量西方经典著作，形成中西融合的宽广视界。1916年后，他把学习的重点放在哲学和伦理学上，希望以此入手，从根本上变换全国之思想。

毛泽东主张读书要联系现实，要在关注现实中修身，把读书学习和时代变革紧密结合在一起。他借阅《新民丛报》《甲寅》等刊物，关注时事，关注社会热点，倡导走出学校，走向社会，了解社会。1917年7月中旬至8月16日暑假，毛泽东与萧子升一起游学，途经长沙、宁乡、安化、益阳、沅江五县，步行近千里，历时月余。他们沿途访农家，察山川，问农事，询疾苦，记下许多游历笔记。一师师生传阅毛泽东游学笔记后，称赞他是"身无分文，心忧天下"。寒假又至，毛泽东游兴再起，步行来到浏阳县文家市，在铁炉冲陈赞周同学家小住几天，和陈家人一起挑水挖菜，晚上遍访农户，宣传多种果树。1918年春，学校因驻扎部队被迫停课，毛泽东同蔡和森徒步沿洞庭湖南岸和东岸遍访湘阴、岳阳、平江、浏阳等县，历时半月余，深入了解沿途民情风俗、乡村治理和民生疾苦。

---

① 《毛泽东传（1893—1949）》，中央文献出版社1996年版，第18页。

1915 年 5 月 7 日，日本政府向袁世凯最后通牒，提出了灭亡中国的“二十一条”要求。袁世凯为了换取日本对其复辟帝制的支持，于 5 月 9 日接受了除个别条款外的全部要求，消息传到一师，群情激愤。毛泽东在一师学生编的爱国文集上题写道：“五月七日，民国奇耻；何以报仇？在我学子！”① 表达了强烈的救国志向。但是，毛泽东深深感到救国救民，单枪匹马是不行的，必须结交更多志同道合的同志才能形成强大声势。他最早结识的朋友有蔡和森、萧子升、萧子暲、何叔衡、陈昌、张昆弟、罗学瓒、周世钊等十几个人。这年 9 月，他以“二十八画生”的署名向省城各校发出征友启事：“愿嘤鸣以求友，敢步将伯之呼。”他要结交能刻苦耐劳、意志坚定，随时准备为国捐躯的有志青年。在应征的几人中，知名的有李立三和罗章龙。经过长期访求和多方通信联系，毛泽东的周围团结了一大批优秀青年。他们热切追求新思想、新文化，有着“奋斗和向上的人生观”，经常在岳麓山、橘子洲、平浪宫等处聚会，议论时事，感叹人生，相互激励。随着志同道合朋友的增多，大家逐渐形成共识，有必要建立一个有严密组织和明确目标的社会团体以“集合同志，创造新环境，为共同的生活”。

1918 年 4 月 14 日，萧子升、萧三、何叔衡、陈赞周、毛泽东、邹鼎丞、张昆弟、蔡和森、邹蕴真、陈书农、周明谛、叶兆桢、罗章龙等，在湘江之畔刘家台子蔡和森家里召开会议，决定成立新民学会。学会以革新学术，砥砺品行，改良人心风俗为宗旨。会员守则规定：1. 不虚伪；2. 不懒惰；3. 不浪费；4. 不赌博；5. 不狎妓。会议推选萧子升为总干事，毛泽东、陈书农为干事，不久萧子升赴法留学，会务由毛泽东实际主持。新民学会是五四时期全国 300 多个社团组织中较为著名的一个。

① 中共中央文献研究室毛泽东研究组编著：《开国领袖画传系列 毛泽东》，辽宁人民出版社 2018 年版，第 20 页。

为改造社会四处奔忙　确立马克思主义信仰

新民学会成立以后，大部分会员已经或即将毕业，向何处去是许多人面临的问题。就在这时，已经在北大任教的杨昌济将华法教育会和留法勤工俭学会主办赴法勤工俭学活动的消息，告诉给毛泽东和蔡和森。新民学会专门开会商讨留学事宜，决定由蔡和森先赴北京进行联系和准备工作，同时毛泽东等会员在长沙各学校宣传发动，很快就有 30 多人报名。1918 年 8 月 15 日，毛泽东、罗学瓒、张昆弟、萧子升、李维汉等 24 人赴北京。在北京，毛泽东与蔡和森四处奔走，开展赴法勤工俭学的组织工作。经过精心组织和妥善安排，湖南第一批赴法勤工俭学的新民学会会员和其他湖南青年，终于在 1919 年 3 月顺利踏上了漂洋过海求学的旅程。

这次北京之行，毛泽东因生活费用无着，经杨昌济介绍，被安排在北大图书馆工作。当时，北京大学是全国新文化运动的中心，他利用管理报刊之便，阅读了大量新出版的报纸和杂志，汲取了许多新鲜知识。他还经常去听陈独秀、李大钊、鲁迅、胡适等所讲的课程，还参加了北京大学哲学研究会、新闻学研究会。在研究会的活动中，他认识了陈公博、谭平山、邵飘萍等人，其中邵飘萍的学识和主张对他后来回湘主编《湘江评论》等刊物，产生了积极的影响。毛泽东除了经常拜访杨昌济、黎锦熙之外，还拜访陈独秀、胡适、蔡元培等知名人士，同他们讨论各种问题。对毛泽东的思想发生直接影响的是李大钊，在北大图书馆，他与李大钊朝夕相处，时常请教，阅读了李大钊的《庶民的胜利》《Bolshevism 的胜利》等歌颂俄国十月革命和宣传马克思主义的文章。他还参加了李大钊等人组织的研究各种新思潮的活动，逐步清除了无政府主义思潮的影响。他还参加了邓中夏等进步青年组织的北大平民教育讲演团，并同邓中夏、罗章龙等许多进步青年保持着密切的联系。

1919年4月，毛泽东回到长沙，不久应聘到修业小学当老师。五四运动爆发后，他在长沙组织学生运动积极响应，成立了以新民学会会员为骨干的湖南学生联合会，发动了全省学生的总罢课。不久，在毛泽东的指导下，湖南各界联合会成立，它以“救国十人团”为基层组织，7月间，发展到400多个。为了扩大革命宣传，7月14日，《湘江评论》在长沙创刊，毛泽东担任主编和主要撰稿人。他撰写了《创刊宣言》《民众的大联合》《陈独秀之被捕及营救》等文章，歌颂俄国十月革命，明确提出民众的大联合是改造国家、改造社会的根本方法。《湘江评论》虽然只出了五期，但同当时全国众多的刊物相比，其思想性和战斗性都属最强之列。

湖南督军张敬尧自入湘以后昏庸横暴，查封《湘江评论》，解散湖南学生联合会，劣绩昭彰。毛泽东以湖南学联为主干，联合长沙学界、教育界以及一些留美、留日湘籍学生，开展声势浩大的“驱张”运动。为争取全国各界对“驱张”运动的支持，他们组织了驱张代表团，奔赴北京、上海、天津、武汉、广州、常德等地进行驱张宣传。1919年底，毛泽东率领的驱张代表团抵达北京。不久，成立了“平民通信社”，撰写了大量的稿件、呈文、宣言推动“驱张”运动。他们还利用军阀之间的矛盾，采取请愿方式，敦促吴佩孚、谭延闿等武力驱张。在毛泽东的指挥下，“驱张”运动最终取得了胜利。这次北京之行，毛泽东在指挥“驱张”运动的同时，阅读了许多介绍俄国情况的书刊，并同正在秘密建立北京大学马克思学说研究会的李大钊、邓中夏等密切联系。1920年1月，毛泽东加入了由李大钊、王光祈等人发起成立的少年中国学会。4月11日，毛泽东离开北京，去上海继续做驱张的宣传工作。在上海的近三个月，他同陈独秀多次会晤，讨论组织湖南改造促进会的计划。后来，毛泽东跟斯诺谈到陈独秀时说：“那时我在国立北京大学，他对我的影响也许超过其他任何人。”[①]

“驱张”运动以后，湖南各界掀起民众自治运动，提出“湖南的事，应由全体湖南人民自决”，主张成立“湖南共和国”，打倒军阀专制统治。在毛泽东等人的推动下，当时湖南省长兼督军谭延闿认可“采用民选省长”的建议。但在制宪方式上存在较大分歧，毛泽东主张“公民制宪”，当局坚持省议会制宪。不久，赵恒惕赶走谭延闿，自治运动彻底失败，由此，毛泽东得出一个重要结论：“政治改良一途，可谓绝无希望。吾人惟有不理一切，另辟道路，另造环境一法。”[②] 所谓另辟道路，就是走共产主义道路，这是毛泽东人生道路上的重要抉择。

1920 年 7 月，在蒙达尼尔会议上，新民学会留法会员讨论如何改造中国与世界，蔡和森与毛泽东通信介绍会议情况，毛泽东在回信中明确表示赞同蔡和森关于走俄国革命道路的方法。7 月底，毛泽东与何叔衡、易礼容、彭璜等一起创办文化书社，公开经销马克思列宁主义著作和其他进步书刊，很快在平江、浏阳、衡阳、宝庆等七个县建立了分社。书社不仅宣传马克思主义，传播新思想、新文化，还组织广大读者学习新思想、新文化。同年 9 月，毛泽东还与方维夏、何叔衡、彭璜等人一起，联络教育界、新闻界等发起成立了湖南俄罗斯研究会，公开研究、宣传马克思主义和俄国十月革命，发表了不少宣传十月革命的文章。俄罗斯研究会还组织进步青年赴俄考察和留学，先后有任弼时、萧劲光等六位青年被介绍去俄留学。1920 年初冬，在毛泽东等人的积极活动下，长沙共产党早期组织成立。

1921 年元月，新民学会召开年会，毛泽东在大会上说：“激烈方法的共产主义，即所谓劳农主义，用阶级专政的方法，是可以预计效果

① 李锐：《毛泽东峥嵘岁月 1893—1923》，北京联合出版公司 2013 年版，第 266 页。

② 中共中央文献研究室、中共湖南省委《毛泽东早期文稿》编辑组编：《毛泽东早期文稿》，湖南人民出版社 2008 年版，第 2 页。

的，故最宜采用。”[①] 由此毛泽东确立了用社会主义改造国家，为人民创造幸福生活的使命和追求，从思想上和行动上成为了一个彻底的马克思主义者。

按上海共产党早期组织的通知，1921 年 7 月，毛泽东和何叔衡代表长沙共产党早期组织出席了中共一大。他在会上汇报了湖南建党工作的概况，交流介绍了湖南的经验。包惠僧在回忆中写道，会议的第二天，主要由各地代表汇报工作情况，都很短。“毛主席在一大会上，只是代表湖南作了一次简短的发言”。[②] 刘仁静回忆，一大期间，毛泽东十分注意听取别人的发言，不轻易发表意见，很难将他突出出来作为某种主张的代表。[③] 李达回忆，“毛泽东同志在代表的住所的一个房子里，经常走走想想，搔首寻思，他苦心思索竟到这样的地步，同志们经过窗前向他打交道时候，他都不曾看到，有些同志不能体谅，反而说他是‘书呆子’、‘神经质’。殊不知他是正在计划着回长沙后如何推动工作，要想出推动中国革命事业发展的办法。”[④] 7 月 30 日晚会议刚开始，有个陌生的男子闯进会场，有秘密工作经验的马林警觉地说，一定是密探，必须马上转移。于是，代表们立刻分散离开。不久，十多名法国巡捕和武装警察就来搜查。据周佛海回忆，当天晚上 12 时左右，“看见毛泽东探头探脑进房来，轻轻的问我道：‘这里没有发生问题吗？’我骇了一惊，问他，才知道是出了事。”[⑤] 由于法租界侦探的侵扰，中共一大会议被迫转移至嘉兴南湖继续召开。代表们在湖上租了一条大船，以集

---

① 湖南省博物馆历史部校编：《新民学会文献汇编》，湖南人民出版社 1980 年版，第 139—144 页。

② 包惠僧：《回忆党的创立时期》，《“一大”前后》（二），人民出版社 1980 年版，第 379—381 页。

③ 参见吴少京主编：《建党风云》，中央文献出版社 2001 年版，第 78 页。

④ 李达：《中国共产党的发起和第一次、第二次代表大会经过的回忆》（一九五五年八月二日），《“一大”前后》，人民出版社 1980 年版，第 12 页。

⑤ 周佛海：《扶桑笈影溯当年》，《往矣集》第八版，古今出版社 1944 年版，第 31 页。

体游湖的名义继续开会。

中共一大闭幕后，毛泽东回到长沙，立即筹建中共湖南地方组织。不久，中共湖南支部成立，毛泽东任支部书记，1922 年 5 月扩建为中共湘区执行委员会，毛泽东任书记。1923 年 6 月，毛泽东出席中共三大，被选为中央执行委员。国共合作后，毛泽东在国民党一大、二大上都当选为候补中央执行委员，曾在广州任国民党中央宣传部代理部长，主编《政治周报》，主办第六届农民运动讲习所，任所长。1926 年 11 月，任中共中央农民运动委员会书记。1925 年冬至 1927 年春，毛泽东先后发表《中国社会各阶级的分析》《国民革命与农民运动》《湖南农民运动考察报告》等著作，指出农民问题在中国革命中的重要地位和无产阶级领导农民斗争的极端重要性，批评了攻击农民运动的右倾思想。

领导秋收起义　开辟革命新道路

1927 年，蒋介石、汪精卫先后发动反革命政变，大革命失败。中共党员由近 6 万人减少到 1 万多人。在血雨腥风中，中国共产党重新开始了对中国革命道路的探索。在国共合作时期，国民党右派一直对共产党抱有敌视态度，尤其是中山舰事件和四一二反革命政变，没有自己武装的共产党人遭到无情驱逐和屠杀。毛泽东目睹大革命的失败，痛切地认识到，要生存要革命就要掌握武装力量。当时主持中央工作的瞿秋白曾向毛泽东征求意见，要他到上海中央机关去工作。毛泽东回答：我不愿跟你们去住高楼大厦，我要上山结交绿林朋友。① 南昌起义后，中共中央决定毛泽东作为特派员、湖南省委秋收起义前敌委员会书记组织发动湘赣边界农民秋收起义。根据八七会议精神，毛泽东在讨论和制定秋

① 参见谭震林:《井冈山斗争的实践与毛泽东思想的发展——纪念伟大的领袖和导师毛主席诞辰八十五周年》,《新华社新闻稿》(第 3234 期) 1978 年，第 5 页。

收起义计划时指出，我们党从前的错误是忽略了军事，现在应以百分之六十的精力注意军事运动。实行在枪杆上夺取政权，建设政权。

毛泽东非常重视秋收起义的军事准备工作。8 月 30 日，中共湖南省委召开省委常委会议，会议确定，首先集中力量在条件较好的地区平江、浏阳、醴陵等县和安源发动暴动。9 月初，毛泽东在安源张家湾召开湘赣边界秋收起义的军事会议，决定正式组建工农革命军第一军第一师，下辖三个团。

那么，起义时举什么旗帜？当时，中共中央不同意抛弃国民党的旗子。除了共产国际的因素外，一个重要原因就是认为虽然以蒋汪集团为代表的民族资产阶级右翼已全部叛变，但为争取小资产阶级继续革命，还要举国民党的旗帜，否则有着革命传统的国民党的旗帜就会被蒋汪之流篡夺。南昌起义时，仍使用了中国国民党革命委员会的旗号。毛泽东在准备秋收起义的过程中，发现国民党的旗帜已经失去了号召力，他主张秋收起义不能再照八七会议规定的那样打国民党的旗帜了。他在 8 月 20 日给中共中央的信中这样写道："我们应高高打出共产党的旗子……国民党旗子已成军阀的旗子，只有共产党旗子才是人民的旗子。"他又说："这一点我在鄂时还不大觉得，到湖南来这几天，看见唐生智的省党部是那样，而人民对之则是这样，便可以断定国民党的旗子真不能打了，再打则必会再失败。从前我们没有积极的取得国民党领导权，而让汪、蒋、唐等领导去，现在即应把这面旗子让给他们，这已完全是一面黑旗。我们则应立刻坚决的树起红旗。"① 后来的事实证明了毛泽东主张的正确，9 月 19 日，中共中央决定放弃国民党左派的旗帜。从此，掌握中国革命的领导权成为全党的共识。

八七会议以前，中央就已计划发动秋收起义。但是，对中国革命

① 《中共湖南省委给中共中央的信》（1927 年 8 月 20 日），中共湖南省委党史资料征集研究委员会本书协作组编：《湘赣边界秋收起义》，湖南人民出版社 1987 年版，第 50 页。

的战略问题并没有认真研究，八七会议以后，中央仍然坚持城市中心论。1927年9月9日，湘赣边界秋收起义爆发。起义军共5000余人，一度占领醴陵、浏阳县城和一些集镇，但很快遭到强敌抵抗，加上兵力分散、缺乏作战经验、对敌情估计不足等原因，起义部队损失惨重。毛泽东决定改变攻打长沙的计划，命令各路部队迅速到浏阳文家市集中，这时部队已由5000余人锐减到1500余人。在9月19日文家市里仁学校召开的前敌委员会会议上，多数人认为要继续执行湖南省委的决定，先取浏阳、再攻长沙。毛泽东在分析了敌强我弱、革命处于低潮、敌人的主要力量在城市的情况后，认为在这样严峻的形势下，硬要攻打大城市，等于以卵击石，自我灭亡。他最终说服了大家，放弃攻打长沙的计划，转向敌人统治力量薄弱的农村、山区，寻求立足点，以保存实力，再图发展。9月21日，起义军向湘南退却，途中在江西萍乡芦溪又遭敌人伏击，总指挥卢德铭牺牲。29日，部队到达江西省永新县三湾村。

针对部队思想混乱的状况，前委决定建立和健全部队各级党组织，确立党对军队的绝对领导；在军队中实行民主制度，连以上建立士兵委员会，官兵待遇平等，吃饭穿衣都一样，这就是著名的“三湾改编”。10月，毛泽东率部队抵达井冈山区的宁冈古城，经过调查研究，选定将罗霄山脉中段的井冈山地区作为部队的立脚之处，建立了中国革命的第一块农村根据地，迈出了由城市转向农村寻求适合中国革命道路的具有战略意义的一步。毛泽东在大革命失败后，成为成功地把党的工作重点由城市转向农村，在农村保存、恢复和发展革命力量的主要代表。

1928年4月24日，朱德、陈毅率领的南昌起义余部2000余人及湘南农军8000多人在宁冈砻市与毛泽东所部实现会师，建立了中国工农红军第四军，军长朱德，党代表毛泽东，政治部主任陈毅。同年12月10日，彭德怀、滕代远率红五军主力七八百人到达宁冈，同红四军会师，井冈山革命根据地的革命武装力量进一步发展壮大。在5月湘赣边界党的第一次代表大会后，迅速掀起了声势浩大的全面分田高潮。年底，以湘赣边界工农政府名义正式颁布《井冈山土地法》，广大无地、少地的边界农民终于有了自己的田地。

在井冈山落脚不久，毛泽东就认真思考中国革命的出路和命运，1928年10月、11月先后作了《中国的红色政权为什么能够存在？》《井冈山的斗争》的报告，从理论上阐述了大革命失败后，实现中国革命最终胜利可以走“农村包围城市，武装夺取政权”的新道路。1930年1月5日，毛泽东的《星星之火，可以燎原》一文表达了他对中国革命最后取得胜利的坚定信念。

在毛泽东、朱德的领导下，开辟了中央革命根据地，并取得了第一、第二、第三次反“围剿”斗争的胜利。1931年11月7日，中华工农兵苏维埃第一次全国代表大会在江西瑞金召开。毛泽东在会上作了《政治问题报告》，被选为中华苏维埃共和国中央执行委员会主席和人民委员会主席。中央革命根据地是当时全国最大的革命根据地，全盛时期面积达5万平方公里，21个行政县，人口250万。中国革命出现了自大革命失败后重新高涨的大好形势。

危急关头　挽救红军挽救党

从1933年春开始，蒋介石调集了50万兵力，向中央革命根据地发动第五次“围剿”。当时受王明“左”倾教条主义影响的中共临时中央刚从上海迁到中央苏区，全面推行进攻路线，清除毛泽东积极防御路线在中央革命根据地的影响，打击执行毛泽东正确主张的干部，加上李德军事指挥的失误，红军第五次反“围剿”失败，不得不退出中央根据地实行战略转移，开始长征。重建革命根据地是中央红军在长征中极为重要的任务，原定计划是到湘西同红二、六军团会合。但是，蒋介石已经在通往湘西的途中部署了四道防线。在突破敌人湘江封锁线时，中央红军遭受了重创。湘江之战后，中央红军由长征出发时的8.6万余人，锐减到3万多人。1934年12月前后，蒋介石亲自部署，把防堵中央红军与红二、六军团会合作为兵力布置的重点，企图以40多万兵力围歼中央红军于湘黔边地区。在如此危难的形势下，博古、李德仍坚持到湘西与红二、六军团会合的方针。

毛泽东从长征出发后，一直力主改变原定去湘西的计划，主张去敌人力量薄弱的贵州。1934年12月，中共中央负责人在湖南通道举行紧急会议，经过激烈争论，毛泽东的意见得到多数同志支持，决定西进贵州。但是两种战略方针的争论并没有结束，接下来，在黎平会议和猴场会议上，争论继续。毛泽东摆事实、讲道理，其正确主张为越来越多的人认识和接受。

1935年1月15日至17日，中央政治局在遵义召开扩大会议。会议全面总结了第五次反“围剿”之后军事指挥的得失，彻底批判了“左”倾冒险主义的错误军事路线，肯定并恢复了毛泽东机动灵活的正确军事路线。会议最后改组了中共中央领导机构，剥夺了李德的军事指挥权，选举毛泽东为中央政治局常委。会后，成立由毛泽东，周恩来，王稼祥组成的三人小组，负责指挥全军的军事行动。遵义会议是中国共产党在同共产国际联系中断的情况下召开的，会议确立了毛泽东在中央和红军的领导地位。从此，中国共产党能够在以毛泽东为代表的马克思主义正确路线领导下，克服重重困难，一步步地引导中国革命走向胜利。

遵义会议在解决了最急切的军事路线和军事指挥问题后，鉴于贵州人烟稀少、经济落后等情况，遂改向到比较富庶，又有红四方面军创建的川陕革命根据地可做策应的成都之西南或西北地区建立根据地。此后，中央拟建根据地的区域又几经变化。毛泽东根据敌情率领中央红军四渡赤水，佯攻贵阳，巧渡金沙，勇夺泸定，在十倍于己的国民党几十万大军中往来穿插，使红军一改长征初期被动挨打的局面，牢牢掌握了主动权，并最终摆脱敌人的围追堵截，与红四方面军在川西达维胜利会师。

会师前，中央红军有近2万人，红四方面军有8万多人，会师后力量大增，革命出现有利形势。毛泽东和中共中央审时度势，在两个方面军会师之际明确提出："今后我一、四两方面军总的方针应是占领川、陕、青三省，建立三省苏维埃政权，并于适当时期以一部组织远征军占领新疆。"[①]而张国焘极力反对向东、向北发展的方针，认为川北地区地形、给养条件不利，红军没有粮食吃，敌人已有准备，不宜过岷江东进。6月26日的两河口会议议题，就是要寻找一个适合红军发展、革命复兴的根据地。中共中央提出今后的战略方针应是向北发展，在岷山山脉以北地区建立川陕甘根据地。红军应迅速前进，在松潘与胡宗南部作战，打开北上甘南的通道。但张国焘对两河口会议决议采取了阳奉阴违的态度。7月底，毛泽东和红军总部来到毛儿盖地区。由于张国焘的拖延，已经失去了进取松潘的有利时机。8月初，毛泽东等军委成员举行会议，决定放弃松潘战役计划，改为执行夏洮战役计划，争取在洮河流域灭敌主力，创建甘南根据地。

为了执行夏洮战役计划，全军分左右两路军共同北上。右路军由中共中央、毛泽东直接率领，由徐向前、陈昌浩指挥；左路军由朱德指挥，实际上由张国焘率领。8月20日，中央政治局在毛儿盖召开扩大会议，否定张国焘的西出阿坝，北占夏河，向青海、甘肃边远地区退却的意见，继续贯彻北上方针。毛儿盖会议后，左、右路军开始向着渺无

① 《中共中央、中革军委领导人关于红一、四方面军会合后的战略方针致张国焘、徐向前、陈昌浩电》（1935年6月16日），中国工农红军长征史料丛书编审委员会编：《中国工农红军长征史料丛书 文献3》，解放军出版社2016年版，第72页。

人烟的广袤草地进发。红军过草地牺牲最大，在同极其恶劣的自然环境的殊死斗争中终于取得了胜利。8月26日，右路军胜利通过草地，并取得包座战斗的胜利，这一胜利使红军在濒临粮尽炊断之际，得到了最宝贵的粮食和其他军需补充，这对红军的生存及北上进军都特别重要。毛泽东等领导抓住有利时机，制定了北出甘南的行动计划，并电告张国焘。但是，张国焘拒绝执行中央的指示，擅自下令左路军停止北上。9月3日，张国焘竟以红军总司令部的名义，发电要求党中央和右路军南下，这当然是中共中央所不能同意的。部队按照预定计划坚决北上，毛泽东等中央领导人在巴西多次同陈昌浩、徐向前等商谈，争取张国焘北上。为了贯彻北上方针，避免红军内部可能发生的冲突，毛泽东等决定立即率领红一、三军团和军委纵队连夜转移，脱离险境，并指定右路军统归军委副主席周恩来指挥。

9月12日，在俄界召开的政治局扩大会议上，通过了《中央关于张国焘同志的错误的决定》，号召红四方面军的干部、战士团结在中央周围，同张国焘的错误倾向作斗争，促他北上。同时，把红一、三军团和军委纵队改编为中国工农红军陕甘支队，由彭德怀任司令员，毛泽东任政委。俄界会议后，中央率领陕甘支队继续北上，于9月18日到达甘肃岷县以南的哈达铺。在这里，根据从当地找到的报纸上获悉陕北红军和根据地仍然存在的情况，毛泽东提出到陕北去。9月27日，陕甘支队占领通渭县榜罗镇。在榜罗镇召开的中央政治局常委会上，正式决定把中共中央和陕甘支队的落脚点放在陕北，在那里扩建新的革命根据地。9月29日，中共中央率陕甘支队离开榜罗镇，翻越六盘山，通过回民区，连续穿过敌人两道封锁线。10月19日，陕甘支队到达了吴起镇。

至此，红一方面军主力胜利地到达陕北，长征胜利结束。在一年的时间里，中央红军纵横11个省，行程二万五千里。一路上克服了数不尽的艰难险阻，战胜了数十万敌军的围追堵截，胜利到达了目的地。

中流砥柱　带领全党走向成熟

中央红军到达陕北前后，中日民族矛盾逐渐上升为国内主要矛盾。不仅工人阶级、农民阶级、城市小资产阶级、民族资产阶级要求停止内战、一致抗日，而且国民党上层和部分地方实力派也纷纷要求一致抗日。毛泽东紧紧抓住这个历史机遇，对抗日民族统一战线政策作出重大调整，不但取得了抗日战争的伟大胜利，而且成功推动了中国共产党和中国革命力量的大发展。

1935 年 11 月 28 日，中华苏维埃共和国中央政府主席毛泽东、中国工农红军革命军事委员会主席朱德发表《中华苏维埃共和国中央政府、中国工农红军革命军事委员会抗日救国宣言》。12 月下旬，在陕北瓦窑堡召开政治局扩大会议。毛泽东认为，中国的民族资产阶级有两重性，在民族危机严重的新情况下，是可以争取的。会议通过了《中央关于目前政治形势与党的任务决议》，确定了抗日民族统一战线的方针政策，为即将进行的抗日战争奠定了政治基础。

1936 年 12 月，西安事变爆发。中共中央事先并不知晓，事发当晚，张学良、杨虎城电告中共中央，希望中共协助处理捉蒋的善后有关事宜。中国共产党以民族大义为重，在团结抗日的基础上，促成了西安事变的和平解决。

1937 年 7 月 7 日，卢沟桥事变爆发，中国全民族抗战全面开始。中国共产党站在民族解放战争的最前列，全力以赴投入了这场战争。中国共产党和所领导的工农红军经过千锤百炼，素质很高，但数量太少。全军只有 4 万多人，武器装备差，主要根据地在陕北，南方红军游击队还分散在八省边界的 14 个地区。毛泽东高瞻远瞩，把人民军队抗日的着眼点放在敌后的广大地域，指出党和人民军队的任务是放手发动群众，壮大人民力量，用人民战争战胜敌人。8月22日至25日的洛川会议，制定了抗日救国十大纲领，提出全面的全民族的抗战路线。中共中央军委根据国共两党达成的协议，将陕北地区的红军主力改编为国民革命军第八路军，朱德、彭德怀分任正、副总指挥，下辖一一五师、一二〇师和一二九师。将南方八省的14个地区的工农红军游击队改编为新四军，叶挺任军长，项英任副军长，下辖四个支队。9月，一一五师主力取得平型关首战大捷。一二〇师在雁门关以南伏击日军。一二九师以一营兵力担任主攻，夜袭阳明堡日军机场，毁伤敌机20多架，有力地配合了国民党军队在正面战场的作战。11月太原失陷后，八路军在敌后实施战略展开，开展敌后游击战。同时，广泛发动群众，组织义勇军，开辟晋察冀、晋西北、晋冀豫、山东和大青山等抗日根据地。新四军深入华中敌后，开展抗日游击战争。

1938年5月，毛泽东发表《论持久战》，科学地预测了抗日战争将经过战略防御、战略相持、战略反攻三个阶段，其中战略相持阶段，是中国抗日战争取得胜利的最关键阶段。强调战胜日本的侵略，必须进行人民战争。毛泽东的持久战战略思想，揭示了抗日战争发展的规律和坚持抗战取得胜利必须坚持的战略方针，极大地推动了全国军民的抗日斗争。

抗日战争进入相持阶段后，日军将进攻重点转向敌后抗日根据地。1939年至1940年，华北地区的日军对敌后根据地出动千人以上的大“扫荡”就有109次。国民党的政策重点亦由对外转向对内，积极反共。1939年1月，国民党五届五中全会通过了《防制异党活动办法》，确定了“防共、限共、溶共”的方针。毛泽东在指挥八路军、新四军等人民武装力量抗击日本侵略军的同时，领导全党打退了国民党顽固派连续发动的数次反共高潮。1940年底，人民抗日武装部队发展到50万人。在华北、华南、华中建立了 16 块根据地。加上陕甘宁边区，共产党领导的抗日根据地拥有 1 亿人口。

其间，毛泽东撰写了《〈共产党人〉发刊词》《中国革命和中国共产党》《新民主主义论》等一批重要著作，系统阐明新民主主义理论，从思想上武装中国共产党人。1942 年前后，毛泽东领导全党开展整风运动，在全党确立实事求是的马克思主义思想路线。1944 年春，敌后战场转入攻势作战。中国共产党领导的人民武装已经抗击着全部 64% 的侵华日军。

为了彻底打败日本侵略者，并在战后建立一个光明的中国，1945 年 4 月 23 日至 6 月 11 日，党的七大在延安杨家岭召开，毛泽东作了题为《两个中国之命运》的开幕词、《论联合政府》的政治报告和《愚公移山》的闭幕词。大会通过了毛泽东提出的“放手发动群众，壮大人民力量，在我党的领导下，打败日本侵略者，解放全国人民，建立一个新民主主义的中国”的政治路线。会议选举毛泽东为中央委员会主席、中央政治局主席，中央书记处主席。会议将以毛泽东为主要代表的中国共产党人把马克思主义基本原理同中国实际相结合形成的理论成果，正式命名为毛泽东思想，作为党的一切工作的指导方针。

经过八年全民族抗战，到 1945 年 8 月，人民军队已经发展到 120 万，民兵扩展到 220 万，抗日根据地达到 19 块。8 月 9 日，毛泽东发表《对日寇的最后一战》重要声明，为了指挥反攻，毛泽东日夜操劳。解放区军民迅猛在华北、华中、华南和东北展开攻势凌厉的大反攻，从 8 月 11 日至 9 月 2 日，敌后军民收复张家口、烟台、邯郸、威海、泰兴等城市 146 座，摧毁日伪据点 747 处，消灭日伪军 5.7 万余人，破袭和切断了平汉、津浦、正太、同蒲、平绥（东段）、北宁等铁路线，使各解放区基本连成一片。

争取和平民主　缔造人民共和国

抗战胜利，举国欢庆，经历了长期战乱的中国人民，渴望和平，反对内战。蒋介石集团发动全面内战，是由他顽固坚持反共立场决定的，但是，此时打内战，也有许多困难和顾忌。最大的困难是他的军队主力还在西南地区，运送出来需要时间。1945 年 8 月 14 日、20 日、23 日，蒋介石三次电邀毛泽东到重庆“共定大计”。毛泽东审时度势，不顾个人安危，于 28 日与周恩来、王若飞赴重庆谈判，这在当时是轰动国内外的大事件。《大公报》这样报道，九龙坡飞机场“没有口号，没有鲜花，没有仪仗队，几百个爱好民主自由的人士却都知道这是维系中国目前及未来历史和人民幸福的一个喜讯”。后来，毛泽东在延安干部会议上作《关于重庆谈判》的报告中说，“这一次我们去得好，击破了国民党说共产党不要和平、不要团结的谣言。他们连发三封电报邀请我们，我们去了，可是他们毫无准备，一切提案都要由我们提出。谈判的结果，国民党承认了和平团结的方针。这样很好。国民党再发动内战，他们就在全国和全世界面前输了理，我们就更有理由采取自卫战争，粉碎他们的进攻。”①随后，又围绕停战谈判和政治协商会议召开，与各民主党派合作，同蒋介石集团展开了针锋相对的政治斗争。这些斗争使得中国共产党在内战爆发之前，就在道义上赢得了主动，争取了民心。

1946 年 6 月 26 日，蓄谋已久的蒋介石围攻中原解放区，发动了全面内战。毛泽东同朱德、周恩来领导中国人民解放军进行积极防御，集中优势兵力，各个歼灭敌人。1947 年 3 月至 1948 年 3 月，毛泽东同周

---

① 《毛泽东选集》第四卷，人民出版社 1991 年版，第 1159 页。

恩来、任弼时转战陕北，指挥西北战场和全国的解放战争。1947 年夏，中国人民解放军从战略防御转入战略进攻。1948 年秋至 1949 年 1 月，在以毛泽东为首的中共中央领导下，人民解放军进行了辽沈、淮海、平津三大战役。三大战役共歼敌 154 万，国民党赖以统治的精锐主力部队几乎丧失殆尽。三大战役无论是战争规模，还是取得的成果，在中国战争史上是空前的，在世界战争史上也是罕见的，这是人民战争的胜利。

1947 年毛泽东在陕北看军事地图，指挥解放战争。

1949 年 4 月 21 日，在国民党政府拒绝在《国内和平协定》上签字的次日，毛泽东和朱德发布了《向全国进军的命令》，指挥人民解放军强渡长江天险，一举摧毁了国民党苦心修筑数月的长江防线。4 月 23 日，国民党的统治中心南京解放。随后，解放军继续向中南、西北、西南各省举行胜利大进军，迅速解放广大国土。9 月 21 日，毛泽东在北平主持召开中国人民政治协商会议第一届全体会议，通过了具有宪法意义的《共同纲领》，会议选举毛泽东为中华人民共和国中央人民政府主席。10 月 1 日，毛泽东在天安门城楼宣告："中华人民共和国中央人民政府今天成立了。"

新中国的成立，标志着近代以来中国面临的民族独立和人民解放的历史任务基本完成。这时，毛泽东思考最多的是如何实现国家富强和人民富裕。在当时中国的具体条件下，实现社会主义工业化是国家富强、人民富裕的必要条件。1949 年党的七届二中全会提出使中国稳步地由农业国转变为工业国，由新民主主义国家转变为社会主义国家。1953 年毛泽东提出过渡时期总路线，即在团结带领人民推进社会主义工业化的同时，逐步实现对农业、手工业和资本主义工商业的社会主义改造。到 1956 年底，生产资料私有制的社会主义改造基本完成，社会主义基本制度已经建立起来。从 1956 年初开始，以毛泽东为代表的中国共产党人，对中国社会主义建设道路进行了艰苦的探索。毛泽东的《论十大关系》，成为新的历史条件下经济方面和政治方面的指导方针。毛泽东在《关于正确处理人民内部矛盾的问题》中明确提出中国工业化道路，主要是指重工业、轻工业和农业的发展关系问题，是一条有别于苏联的中国工业化道路。鉴于中国社会生产力落后，经济基础薄弱，毛泽东指出，必须以工业为主导，重点发展重工业，但必须充分注意发展农业和轻工业。毛泽东提出了以农业为基础，以农轻重为序发展国民经济的总方针，以及一整套“两条腿走路”的工业化发展思路。在探索社会主义建设道路过程中，我国经济保持较快的发展速度，经济实力显著增强，基本建立了独立的比较完整的工业体系和国民经济体系，从根本上解决了工业化“从无到有”的问题。

在毛泽东领导下，社会主义建设取得巨大成就，但同时也出现脱离实际、急躁冒进、忽视经济规律的倾向。1958 年的“大跃进”和农村人民公社化运动以及 1966 年开始的长达十年的“文化大革命”运动，使社会主义建设遭到严重的挫折和损失。然而毛泽东作为探索社会主义建设道路开创者的历史功绩将永载史册。

1976 年 9 月 9 日，毛泽东在北京逝世，享年 83 岁。

“我们总要努力！我们总要拼命的向前！（我）们黄金的世界，光华灿烂的世界，就在前面！”① 毛泽东在1919年《民众的大联合》一文中描绘的美好世界，就在面前。他领导中国人民在黑暗中前行，在泥泞中摸索，他的人生抉择改变了自己的命运，也改变了国家的面貌。

参考文献：

[1]《毛泽东选集》(1—4)，人民出版社1991年版。

[2]《毛泽东早期文稿》(1912—1920)，湖南人民出版社2008年版。

[3]蒋建农主编：《世纪伟人毛泽东》，红旗出版社1996年版。

[4]李捷：《毛泽东与中华民族伟大复兴第一个历史任务的实现》，《历史研究》2013年第6期。

[5]《毛泽东年谱》(1893—1949)(上)，中央文献出版社2013年版。

[6]李君如：《毛泽东开辟中国革命道路的世界眼光》，《毛泽东思想研究》2017年第11期。

① 《民众的大联合》，《毛泽东早期文稿》，湖南人民出版社2008年版，第338页。

董必武

董必武一生跨越两个世纪，从清末秀才，追求仕途的发达，到追随孙中山，致力于资产阶级民主革命，直至接受马克思主义，选择俄国十月革命道路，成为坚定的共产主义者。董必武始终站在伟大历史变革的前沿，在人生道路上作出重要抉择，解决了用什么理论、走什么道路、依靠什么阶级力量去开展中国革命的问题。这样的人生抉择既反映了个人思想转变的鲜明特点和人生轨迹的艰难曲折，也显示了中国革命道路发展和马克思主义在中国传播的某些规律。

摒弃传统仕途

董必武，原名董贤琮，又名用威，字洁畬，号壁伍，1886 年 3 月 5 日出生在湖北黄安县城一个清贫的知识分子家庭。父亲基文和四叔基明都是清朝秀才，通经史，在黄安、麻城、汉口一带以教塾学为业，为人正直，鄙视趋炎附势。母亲蔡氏，勤劳贤良。父辈兄弟八人，全家 30 多人共同生活，家无土地，主要依靠父亲和四叔教书收入维持生活。大伯、二伯为县府造户口、田亩、粮赋册书，五叔买谷碾米所得收入微薄，妇女们纺线织布换得零星收入以贴补家用，家境清贫。受家庭环境的影响，董必武逐渐养成勤奋读书、节俭朴诚的品格。他从小聪明好学，父亲在塾馆教书，他跟着玩耍。一次，父亲学生中有背不出《三字经》者，才五岁的他就在窗外大声代答。从此，他就随同父亲、四叔读书，学习“四书”“五经”等传统典籍，14 岁便通读了《战国策》《史记》《汉书》等史书。课余他常借《三国演义》《东周列国志》《水浒传》《七侠五义》等书阅读。家族长辈都希望他考得功名，光宗耀祖，为此他参加过五场县考。

1903 年 5 月至 6 月，董必武先后参加黄安县、黄州府科举考试，都榜上有名。在黄州府考试时，考生饶汉莞因拒绝侮辱性的搜身，被活活踢死，董必武愤怒万分，参加了封锁龙门，包围贡院的斗争。中秀才后不久，他又去武昌参加“乡试”，考中者即为“举人”，踏上封建社会“科举取士做官”的人生道路。初到省城，他感觉事事新奇，一天，路过巡抚衙门，因好奇在门口观望。他不知道普通百姓不能在衙门口窥视，被守卫诬为“窥探官衙”，遭到一顿殴打。他愤而弃考回乡，“从此，恨死当官人”[①]。这使他初步感受到社会的不公，民主思想开始萌发。

这年，湖广总督张之洞在湖北推行“新政”，在武昌创办了武普通中学堂（相当于陆军中学）和文普通中学堂（相当于普通高中）。1903 年秋，董必武投笔从戎，投考武普通中学堂，填报名表时，取“壁伍”之谐音，填上了“董必武”，以示“尚武救国”。此次考试，虽然文章很受主考官赏识，但面试时穿着父亲的旧长衫，被误认为“年纪太大”未被录取。1905 年 8 月，向往新学的他，放弃教蒙馆的职业，考入湖北省文普通中学堂，在那里不仅学到了许多科学知识，同时还接受了反清革命思想。董必武经常到美国教会圣公会所设立的革命团体日知会阅读书报，康有为、梁启超主办的《新民丛报》，资产阶级革命派创办的《民报》，还有《猛回头》《警世钟》等革命书籍，使他大开眼界。当时学校聚集了一批资产阶级民主革命派，刘静庵矢志追求革命的精神，对

① 《董必武年谱》编纂组编:《董必武年谱》，中央文献出版社 2007 年版，第 18 页。

董必武影响极大。后来董必武回忆，他到武昌后，住在一个名叫日知会的著名团体的宿舍里。这个团体规模虽小，但却产生巨大的影响。刘静庵介绍他读《扬州十日记》《嘉定屠城纪略》等反清小册子，使他对清政府的腐败和残忍，帝国主义瓜分中国的形势有进一步的了解，激发了他的爱国民族意识和革命思想，成为他革命民主主义思想的启蒙者。

1910 年 10 月，董必武以全年级最优的成绩毕业。当时的湖广总督瑞澂向清宣统皇帝上奏，保荐他为“拔贡”（当时清政府虽已废除科举，但仍实行“拔贡”制），这是当时对学业和品格最优等学生的最高奖赏和荣誉。在封建时代，由读书走上仕途一直是传统知识分子的人生追求。但是面对时代巨变，已经受资产阶级革命思想启蒙的董必武痛感清政府的腐败无能，不想在官场博取名利。此时，中学时的校长纪钜伟在武昌湖北文高等学堂做监督，希望董必武能继续深造。但由于家境每况愈下，无力供他上学，董必武选择返回家乡，在麻城县立高等小学代四叔教语文课，开始了教书糊口的生活。不久，恩师纪钜伟又介绍他到省立一中边教书，边在文高等学堂继续深造；后又到黄州府中学任教。

投身辛亥革命

1911 年 10 月 10 日，武昌起义爆发，不到三天，起义军占领武汉三镇，建立革命军政府。董必武闻讯后，毫不犹豫地将盘在头上象征大清统治的辫子剪掉，与友人李愈友赶赴武汉，参加革命，在詹大悲领导的汉口军政府分府军需部任秘书。不久，他被派到抗清前线工作，专司供给前线士兵用粮，并参加了刘家庙、三道桥附近的战斗。在战斗中，他强烈感受到革命军战士英勇奋斗的精神和民众力量的伟大。30 年后，他回忆当时情景：“当时我们在汉口三道桥看见的革命军和清军作战的英勇，以及武汉市民男女老幼对革命军的帮助，那种自动馈粮食、送子弹、抬伤兵、踊跃欢欣的情况，是难以笔墨和口舌来形容的。”[①]年底，他参加同盟会湖北支部，不久，又与潘怡如、张国恩等被推举为同盟会湖北支部评议部评议员。在此后近十年里，他跟随孙中山致力于资产阶级民主革命，开始职业革命家的生涯。

袁世凯上台后，董必武调任湖北军政府财政司总务科科长。黎元洪为控制湖北军政大权，排挤打击革命力量，派了一批旧官僚进入湖北军政府，逼走詹大悲，排挤董必武。1913 年宋教仁被暗杀，孙中山领导“二次革命”，董必武积极参与詹大悲等在湖北策动军队进行的反袁活动。黎元洪封闭国民党汉口交通部，大肆捕杀革命党人，詹大悲等纷纷逃往日本。董必武在湖北省立第一师范担任了几个月的英文教员之后，于 1914 年和张国恩等一起东渡日本留学，考入东京私立日本大学法科，攻读法律。经湖北同乡居正介绍，他与张国恩谒见了孙中山。孙中山鼓励董必武“在革命失败后不要灰心短气，要再接再厉地努力去干，革命不是侥幸成功的，只要我们在失败中得到教训，改正错误，想出好的办法来，继续革命，胜利的前途是有把握的”[②]。孙中山的一番话对董必武思想影响极大。这次晋见更坚定了董必武革命的决心，他毫不犹豫地参加了中华革命党。次年 6 月，奉孙中山之命，秘密回国，与武昌南湖炮兵团团长李愈友等策动军队起义，不料事泄，只好潜回故里。因被告发，他先后两度入狱，在黄安坐牢三个月，后由黄州府中学校长陈逵九等具保获释。袁世凯死后，各省议会相继恢复，出狱不久的董必武，便投入议会斗争。他首先为恢复革命党人詹大悲、张国恩等省议员的资格积极活动，詹大悲被省议会以多数票推选为议长，董必武被推荐为秘书长，但因湖北督军王占元反对而流产。

1917 年，董必武离开武汉再赴日本，参加东京私立日本大学法科

① 《董必武年谱》，中央文献出版社 1991 年版，第 30 页。
② 《董必武年谱》，中央文献出版社 1991 年版，第 33 页。

毕业考试，正式结业。在日期间，他开始接触马克思主义和无政府主义的书籍。回国后，在武汉和张国恩合办律师事务所，因第一个案件办得迅速而且获得胜诉，在社会上赢得良好声誉。1918年，董必武赴鄂西，投奔鄂西靖国军总司令蔡济民，担任总司令部秘书，投入到反对北洋军阀的护法战役。这一时期，董必武追随孙中山为革命浪迹天涯，革命锐气始终未消。

1919年1月，靖国军杨春芳、唐克明两部勾结川军方化南部，乘蔡济民部无戒备，夜间袭击蔡军总司令部，蔡为了不同室操戈，“宁死不战”而惨遭枪杀。董必武非常愤慨，赴上海向孙中山及各方面申诉蔡济民案，并在《大汉报》发表《鄂西靖国军总司令蔡济民利川被害始末记》，向各方呼吁伸张正义，惩办祸首。但孙中山、章太炎等资产阶级革命家无实力，地方势力又只求自保，申诉长期不得结果。面对屡次失败，董必武开始反思资产阶级革命道路，苦苦思索中国革命的出路。

创建武汉共产党早期组织

1919年3月，董必武和张国恩在上海主持湖北善后公会，通过同乡詹大悲，结识了住在公会对面刚由日本回国的湖北老乡李汉俊。他们几乎天天见面，议论救国良策，讨论俄国革命和布尔什维克的情况。李汉俊带回来的马克思主义和关于俄国革命的外文书籍让董必武眼前一亮，他如饥似渴地研读。通过学习和交流，他对俄国革命和布尔什维克党，有了基本认识。

五四运动爆发后，董必武和詹大悲、李汉俊、张国恩密切关注运动的发展。他们阅读报纸，展开讨论，互通信息，对家乡湖北学生运动的发展更为关心，每天看《大汉报》《汉口新闻报》。董必武和张国恩主持的湖北善后公会连续向社会各界发出呼吁：赞助学生运动，督促北洋政府改弦易辙，以挽外交失败。在五四运动中，董必武强烈地感受到人民群众的力量。他告知挚友潘怡如："中国革命的成功，必待新兴势力之参与，徒知利用军阀无济于事"。[①]他深刻认识到，俄国革命中"列宁党的宗旨和工作方法与孙中山先生革命的宗旨和方法迥然不同"，孙中山总是依靠军阀的"路子不对头"，讳言革命"代表社会上那一阶级的利益"，因而"缺乏广大的群众的基础"，"国民党一套旧的搞军事改变的革命方法，行不通了"。董必武认为中国还是要革命，革命需要动员群众。"中国以前从事革命工作的人，多半偏重上层的改造，而忽视民众的组织。辛亥革命，虽然颠覆了清朝统治，而民众势力太薄弱，民众组织太不完备，不能够拥护革命政府而铲除反革命势力，所以不久便与反革命派妥协而终于失败了。"[②]他得出的结论是：中国革命必须像俄国那样实行阶级革命，必须走十月革命的道路。

经过五四运动，各种思潮和主张激荡着武汉三镇，如何正确引导逐渐觉醒起来的工农大众，特别是广大青年？董必武和张国恩、詹大悲等商量，认为当前能够做的就是办报纸和办学校，办报可以宣传新思想，办学校可以改良教育和培养人才。1919 年 8 月，董必武从上海回到武汉，办报的计划因缺资金而告终，于是决定着手办学，得到几位同学和同乡的鼎力相助。大家商议办一所中学，开办费由创办人捐募，董必武把自己的皮袄典当，凑足了所承担的捐款。他与张国恩等 11 位创办人组成校董事会，校名定为"私立武汉中学"。学校各门课程的任教，首先由董事们分担，董必武教国文，陈潭秋教英文。这所新型学校成为他们向学生传播新文化、新思想的阵地，许多进步青年从这里走上了革命道路，成为中国革命的重要骨干。

---

① 肖振奎:《忆董必武的挚友潘怡如烈士》,《武汉文史资料》1999 年第 7 期。

② 董必武:《十月革命与中国革命》,《董必武选集》，人民出版社 1985 年版，第 1—3 页。

1920年夏，李汉俊写信给董必武，告知上海共产党早期组织已经成立，并希望董必武、张国恩不要仅仅关注教育，要关注整个社会，也在武汉建立共产党早期组织。董必武当即着手筹建，首先在学校建立了社会主义青年团，作为党的预备组织，发展进步青年。其间，刘伯垂受陈独秀委托也来到武汉协助筹建党组织的工作。1920年10月，在董必武、张国恩的寓所，武汉共产党早期组织成立，董必武、刘伯垂、陈潭秋、张国恩、包惠僧、郑凯卿、赵子健七人参加成立大会。会上，刘伯垂介绍了上海共产党早期组织成立的情况，讲述了从上海带回的党纲草案的内容。会议推举包惠僧为书记，陈潭秋负责组织，张国恩管理财务，决定每周开会一次，租用武昌多公祠5号为党的机关所在地，对外则以刘芬律师事务所牌子作掩护。此后，董必武等积极发展武汉共产党早期组织，至中共一大召开前夕，成员扩大至九名，其中有两名工人党员。

为团结教育广大青年，11月7日，由董必武、陈潭秋、包惠僧、刘伯垂、李书渠等发起的武昌社会主义青年团成立，其宗旨是“研究社会主义，实践社会主义的思想”，董必武和包惠僧在会上作了演讲。不久，董必武、陈潭秋等又建立了汉口社会主义青年团，很快又在各大、中学校建立起支部，组织青年学习马克思主义。他们还到工人中积极宣传，促进了武汉地区工人运动和学生运动的发展。与此同时，马克思学说研究会也在武昌成立，刘子通、黄负生、施洋等先进知识分子都是研究会的骨干，研究会每两周开会一次，研究各种理论和实际问题。此外，董必武还组织了妇女读书会、青年读书会，深入群众，传播马克思主义思想。1921年1月，董必武与陈潭秋、恽代英、黄负生等创办《武汉星期评论》，积极宣传马克思主义。

1921年6月，武汉共产党早期组织接到上海共产党早期组织的通知，要求派两名代表到上海参加中国共产党第一次全国代表大会。7月，董必武和陈潭秋作为武汉共产党早期组织的代表赴上海参加会议。按年龄排名，董必武仅次于何叔衡，为第二年长者。35 岁的他“为人醇朴，蓄着八字式的胡子，活像一个老学究，在谈吐中才表现出一些革命家的倔强风格”。[①] 大会期间，董必武报告了武汉共产党早期组织成立及开展工作的情况，受大会之托，参加了会议文件的起草工作。在讨论对孙中山态度时发生争论，包惠僧等认为孙中山与北洋军阀一样，好说大话，在广东搞军事独裁，不同意联合孙中山。董必武对此表示反对，认为孙中山不是军阀，党要联合以孙中山为首的资产阶级民主革命派，反对共同的敌人。会后，董必武和李汉俊起草了给共产国际的报告，总结了大会讨论的主要问题，还旗帜鲜明地提出“打倒帝国主义”“打倒军阀”的战斗口号。

中共一大之后，中共武汉工作委员会成立，次年改组为武汉区执行委员会，董必武任区执行委员。董必武返回武汉不久，参加了孙中山领导的在鄂西举兵讨伐盘踞在湖北的军阀吴佩孚的军事行动。他入川请兵援鄂，后因敌众我寡，后方补给困难，且遭到吴佩孚与四川军阀的两面进攻而最终失败。董必武由鄂西返回武汉后，受命领导“女师学潮”。他和陈潭秋一起，指导湖北女子师范学生为反对校方开除进步教师刘子通而举行罢课，学潮持续达半年之久，终于取得胜利，震动了整个武汉。受此事影响，湖北省立第一师范学校也爆发了因其校长开除几名进步学生，致使这些学生悲愤溺水而死所引发的运动。在董必武领导下，最后校长刘为章在强大的压力下被迫离职。除了直接领导学生斗争，董必武还在学生中组织了“武汉妇女读书会”和“人社”等读书团体，引导大家学习马克思主义。他通过在工人中举办宣传马克思主义的“平民夜校”，参与组织领导工人运动。他还将以武汉中学为中心的各校

① 张国焘:《我的回忆》第 1 册，现代史料编刊社 1989 年版，第 135 页。

党团员派到荆门、钟祥、孝感等地建立党、团组织，把革命火种播撒到全省。

致力国共合作

早在中共一大上，董必武就率先提出过与其他政党合作的主张，在中共三大上，他的主张得以实现，国共合作组成统一战线的方针正式确立。1924 年 1 月，国民党一大召开，大会通过了以反帝反封建为主要内容的宣言，确定“联俄、联共、扶助农工”的三大政策，共产党员和共青团员可以个人身份参加国民党，国共开始第一次合作。1925 年春，按中共汉口地委和上级中共组织的指示，董必武离开武汉中学，专门从事中共的工作和对国民党的统战工作。在他的领导下，国民党各级党组织逐步建立起来，湖北先后有 17 个县建立了国民党组织，这些市县党部的委员基本上都是由中共党员和共青团员担任。同年 7 月，董必武主持国民党湖北省第一次代表大会，组建国民党湖北省党部，当选为省党部执行委员。1926 年 1 月，他作为国民党湖北省党部代表，出席国民党二大，向大会作了《中国国民党湖北省党务工作报告》，当选为国民党中央候补执行委员。根据《工作报告》的统计，从国共合作建立起至 1925 年 10 月，湖北省的国民党员发展到 1877 人，其中工人、农民、青年学生就有 1415 人，占总数的 70% 以上。国民党汉口特别市党部中工人党员占大多数。与此同时，董必武积极发展中共地方组织，他以武汉中学为基地，培养一批革命青年加入中共，然后派回湖北各县发展党的组织。1925 年秋，在七里坪建立了中共黄安党团特别支部。这年冬，建立了中共麻城特别支部，接着，黄冈、黄梅、黄陂、大冶、沔阳、监利、襄阳等县相继建立中共组织。[1]1926 年 4 月，湖北全省中共

① 参见吴大羽等:《董必武传略》，法律出版社 1985 年版，第 34 页。

党员发展到400多人，工、妇、学、青等群众团体全省性领导机构相继建立。

为了加强国民党的组织建设，推动反帝反封建革命运动，在董必武领导下，湖北省党部成立后又先后召开了三次全省代表大会。1926年2月，召开了国民党湖北省二大，大会健全了省党部的工作机构，增设了商民部，妇女运动委员会和临时指挥部。同年7月召开的国民党湖北省三大，通过了多个决议案及宣言、通电。1927年1月，国民党湖北省四大召开。董必武担任大会主席团主席，作了开幕词和闭幕词，重点阐述了开展农民运动的重要性，并当选为执行委员和常务委员。国民党湖北省党部是在共产党领导下的、以共产党人和国民党左派为主而组成的民主革命联盟，其领导权牢牢地掌握在共产党人手中。到5月底，全省有国民党党部组织的县市发展到四个，全省国民党员达9万余人。

为了加强反帝反封建的宣传工作，董必武先后创办了《楚光日报》和《汉口民国日报》，大量登载工人运动、农民运动的消息，不断抨击北洋军阀的黑暗统治；同时宣传中共的主张，揭露国民党右派反对和破坏国共合作的反动事实，推动两党的国民革命运动。为了加强三民主义和三大政策的研究和宣传，董必武还创办了湖北省立中小学教师党义研究所，亲自兼任所长。该所在1927年上半年先后办了两期，招收研究员共600余名，开设了《社会进化史》《各国革命史》《三民主义》《不平等条约》《青年运动之意义与方法》等课程。《楚光日报》《汉口民国日报》以及党义研究所的创办，宣传反帝反封建的主张，起到了巩固第一次国共合作的政治基础和思想基础的作用。

第一次国共合作后，董必武参与指导了湖北人民的反帝反封建斗争。1924年9月，成立了“武汉反帝国主义运动大同盟”，董必武当选为执委。1926年春，董必武以国民党代表身份和广东国民政府代表陈铭枢、白崇禧一起，成功争取原直系军阀赵恒惕属下第四师师长唐生智转向革命，唐生智部改编为国民革命军第八军，参加北伐战争。7月，国民革命军出师北伐。在北伐战争前夕，根据国民党中央的决定，湖北组织了以董必武为主席的特种委员会，搜集敌方的政治军事情报，扰乱敌人后方，策动敌军起义，配合北伐进军，至10月10日，武汉三镇全部攻克。

1927年1月3日，英帝国主义在汉口江汉关制造了震惊中外的一三惨案。董必武、刘伯垂等人组织武汉人民，举行反英游行示威，声讨英帝国主义的暴行，驱逐了英国巡捕。在武汉市民和各界团体强烈要求下，英国政府被迫宣布交还汉口英租界。

按照原定计划，北伐军攻克武汉后，广州的国民政府迁都武汉。董必武与宋庆龄、徐谦、陈友仁、宋子文、孙科等国民党左派及苏联顾问鲍罗廷一起举行会议，成立国民党中央执行委员、国民政府委员临时联席会议。董必武以国民党中央候补执行委员、湖北省党部代表的双重身份成为联席会议的成员，参与国民党中央一切重大方针、事项的决策。

可是，曾最先提出并几次催促迁都武汉的北伐军总司令蒋介石很快改变了主意，擅自决定国民党部和国民政府“暂驻南昌”，要求立即取消中央联席会议，挑起了“迁都”之争。董必武立即展开了一系列旗帜鲜明的斗争。1927年1月11日，董必武发出欢迎中央政府迁鄂的通电，接着，广泛发动各阶层人士及各政治团体集会，发表通电，反对蒋“迁都”南昌另立中央。董必武主持的《汉口民国日报》，每天以大字标题报道武汉党政军群各界要求定都武汉的呼声。在强大的公众舆论压力下，加上滞留在南昌的一些国民党员的争取，迁都之争以蒋介石的失败而告终。3月10日至17日，国民党二届三中全会在武汉召开。会议免去蒋介石的中央常委会主席、军事委员会主席、军人部长、中央军事政治学校校长等职，限制了其国民革命军总司令的权力。董必武提出的《湖北省惩治土豪劣绅暂行条例》《湖北省审判土豪劣绅委员会暂行条例》在会上获得批准。4 月 10 日，国民党湖北省政府成立，董必武为省政府三常委之一，主持省政府工作。

4 月 12 日，蒋介石在上海发动反革命政变。消息传到武汉，董必武立即召集国民党湖北省执行委员会开会，讨论反击对策。4 月 22 日，董必武和在武汉的国民党中央委员、国民政府委员、军事委员会委员共 40 人联名发表《讨蒋通电》。7 月 15 日，汪精卫公开背叛孙中山的三大政策，在武汉发动反革命政变。面对这一急剧变化的国民革命形势，董必武信念坚定，不惧牺牲，继续革命。7 月 18 日，武汉的报纸刊登了董必武的公开声明，宣布辞去湖北省政府常委、农工厅长和《汉口民国日报》经理职务，国民党中央对董必武发出通缉令。董必武的老家黄安县政府通缉共产党员的告示中，他的名字赫然列在第一。鉴于白色恐怖日益严重，根据党的指示，董必武连夜化装成水手，乘轮船离开汉口，取道上海暂避日本；不久，赴苏学习。

1928 年春，董必武的黄安老家被国民党政府查封，房屋被拆毁，妻子黄俊贞下落不明；七婶母因体弱有病，未逃脱，被国民党反动派残害；外甥张培鑫（中共党员）在武汉被捕杀。

站在统一战线的前沿

1928 年 9 月，董必武经海参崴到达莫斯科，入莫斯科中山大学，被编入特别班学习，在这个班的还有徐特立、林伯渠、吴玉章、何叔衡、叶剑英等人。1929 年春，因英语基础好，由共产国际保送，进入列宁学院，即苏共中央党校学习，学员有英国、美国、加拿大、朝鲜、中国等各国共产党骨干，用俄、德、英、法等语讲授。董必武除了听课外，还刻苦攻读马列经典著作，积极参加中国留学生关于国内形势的各种研讨活动，1931 年底顺利毕业。由于他学习成绩优异，学院领导有意让他留校任教。当时，莫斯科是世界社会主义革命的中心，是全世界无产阶级向往的红色基地，但是董必武坚决要求回国参加革命斗争。

经组织批准，1932 年 3 月，董必武从莫斯科启程回国，9 月到达江西瑞金。他短暂担任中国工农红军学校第四期上级干部队政委后，便被中共中央任命为新建的马克思主义学校的教务长，一个月后，任副校长。学校设有高级班、中级班和新区班，开设有马克思列宁主义基本原理、党的建设、苏维埃建设、工农运动、历史、地理、自然常识等课程。学校没有专职教师，主要请中央负责同志讲课，后来也只有罗明、成仿吾、冯雪峰等几个专职教员。董必武样样都自己动手，安排教学计划、聘请讲课教员，还负责师生的政治思想教育和食宿安排等具体事宜；此外，董必武还负责给三个班的学员讲授苏维埃政权建设和党的建设课程。他讲课时，尽量做到深入浅出、贴近革命实际，因此很受学员欢迎。

1934 年 1 月 21 日至 2 月 1 日，董必武参加了中华苏维埃第二次全国代表大会，当选为中华苏维埃共和国中央执行委员。2 月 3 日，董必武任中华苏维埃共和国临时最高法庭主席，随后又任最高法院院长。由于蒋介石对中央苏区实行经济封锁和军事“围剿”，苏区物资奇缺。在苏区，一块银圆只能买一斤盐，比白区的价格高出 30 倍，粮食更是短缺。董必武收到群众关于中央粮食收集工作干部刘明镜贪污的检举信，经过深入调查，发现刘明镜与下属干部串通，合伙贪污公款；董必武召开中央党务工作委员会，会议作出决定，开除刘明镜的

董必武长征到达延安时留影。

党籍。3月，中华苏维埃共和国中央执行委员、于都县苏维埃政府主席熊仙壁贪污公款、私运粮食到白区贩卖的问题败露。遵照中央执行委员会命令，最高法院组织特别法庭，董必武任特别法庭主审，对熊仙壁作出终审判决，处以极刑。

同年10月，年届50的董必武随中央红军参加长征，被编入中央纵队干部休养连，任党总支书记，被大伙誉为“三不停”。脑子不停，就是面对敌人的围追堵截，脑子在不停地思考，怎样使大家躲避敌人的袭击，跟上大部队的步伐；手脚不停，就是每当连队宿营的时候，手脚不停地为同志们做好各种保护工作；嘴巴不停，就是不停地提醒大家，避免危险，鼓舞士气。董必武不仅在四渡赤水、强渡天险大渡河、翻越终年积雪的夹金山、跋涉荒无人烟的大草原时都艰难地随大部队前进，而且常把分配给他的马匹让给伤病员骑用，自己徒步行走。1935年10月19日，这支被称为“天下第一连”的队伍奇迹般地与战斗部队一道，历尽千难万险，最终到达了陕甘根据地吴起镇，结束了两万五千里长征。

1944年1月中共中央电贺董必武60大寿时，对他的历史功绩作出高度评价：“你正代表着党站在抗日民族统一战线的前卫地位，高举着毛泽东同志的旗帜，不屈不挠地奋斗着。”① 的确，从1937年抗战爆发到1944年，董必武在国民党统治的武汉、重庆等城市战斗了七年。1937年，董必武受中共中央委派去武汉，担任长江局常委，肩负起在武汉地区发展壮大抗日民族统一战线的重任。9月，董必武一到武汉，就设法营救被国民党长期监禁的中共党员和干部，积极开展恢复和发展中共湖北省党组织的工作。在他的亲自指导下，湖北临时省委先后在武汉建立了武昌、汉口、汉阳三个区委，计有党员266名，支部22个，

① 《新华日报》1944年1月6日。

小组或特别小组9个，群众团体党组8个，全省党员发展到1040人。与此同时，董必武与周恩来一起，积极慎重地整顿并直接领导了中共的秘密战线工作。

中国共产党在国民党统治区取得合法地位后，在各城市设立公开的办事机构。在董必武主持下，同年10月在汉口安仁里1号成立八路军驻武汉办事处。按照国共双方达成的协议，八路军的军需弹药均由国民政府供给，经过武汉“八办”的努力，从1937年9月至1938年10月，每月从国民政府领取360多万元的八路军经费，筹集了轻机枪、重机枪、迫击炮，以及步枪、子弹等多种武器和战备物资，然后分送到八路军、新四军各驻地。为在武汉筹办中共中央机关报《新华日报》，董必武四处奔波，终于在1938年1月正式出版发行，他还为该报撰写了大量的文章和社论。

在“抗日救亡”的口号下，董必武团结广大工人、学生参加各种抗日活动，培养了许多干部，发展了一批先进分子秘密入党。在日军向武汉进逼的形势下，他动员工人、青年学生去敌后直接参加抗日战争。为吸引进步青年到革命队伍里，延安抗日军政大学、陕北公学、鲁迅艺术学院在汉口设立了招生委员会，地址就在八路军办事处。

1939年1月初武汉失守后，董必武到重庆和周恩来一起主持南方局工作。董必武作为周恩来的主要助手，在党的建设中发展、整顿、巩固所属各级党组织，有效地保护了大批党和非党干部。

为建设新中国努力不懈

1945年4月，董必武赴美参加联合国成立大会。在美国的七个多月中，广泛接触各方人士和海外侨胞，积极宣传中共的基本政策和主张，开辟了中国共产党走向世界的又一重要战场。在1945年中共七大上，董必武被缺席选为中央委员、政治局委员。1947 年从国统区撤回后，董必武主管华北行政工作。1948 年 5 月，董必武任华北联合行政委员会主席、中共中央华北局常委兼中央财经部长，8 月当选为华北人民政府主席。在董必武的领导下，华北地区村、县、市普遍召开了人民代表会议，进行同级人民政府的选举工作，为新中国人民政权建设积累了可贵的经验。1949 年 9 月，在中国人民政治协商会议上，董必武作了关于《中华人民共和国中央人民政府组织法》草拟的经过及其基本内容的报告。会上，他当选为中央人民政府委员和全国政协委员。10 月 19 日，董必武被任命为中央人民政府政务院副总理、政治法律委员会主任。之后，他立即投入接收国民党中央政府的工作，为保障社会秩序的安定，巩固新政权，恢复和发展国民经济，做了大量的工作。同时，董必武协助周恩来建设政务院所属各国家机关，负责指导内务部、公安部、司法部、法制委员会、民族事务委员会等部门的建立；领导制订政务院及其所属机关的办公制度、办公程序，主持召开政务会议，讨论通过了政务院及其所属机关组织条例；后来他又组织制定了《惩戒违法失职公务人员暂行条例》《任免国家机关工作人员暂行条例》等。董必武十分重视人民民主制度建设，参与指导拟订省、市、县人民代表会议组织通则，领导制定各级、各界人民代表会议及人民政府组织通则。1950 年周恩来去苏期间，董必武代理政务院总理和政务院党组干事会书记的工作，

1949 年在中国人民政治协商会议召开前后的董必武。

为新中国政权的巩固与建设殚精竭虑。

1954 年 9 月，在第一届全国人民代表大会第一次会议上，董必武当选为最高人民法院院长，从此专门领导法院工作。同年 12 月又当选为中国人民政治协商会议第二届全国委员会副主席。此后，他领导或参与制定了大量条例、通则及民法、刑法草案等一系列重要法律和法令。为改善审判工作，加强司法建设，整顿和建设司法队伍，培养政法干部，他投入很大精力。同时，董必武还做了大量的统一战线工作。

中共八大上，董必武当选中央政治局委员和中央监察委员会书记。1959 年 4 月和 1965 年 1 月，分别在第二届和第三届全国人民代表大会上当选中华人民共和国副主席，1974 年 4 月任代理国家主席。为推进社会主义建设，他老当益壮，四处奔波，视察全国各地；为做好中国外事工作，结成反霸统一战线，他接待外宾真诚亲和，广泛结交外国朋友。

1975 年 4 月 2 日，董必武因病与世长辞，享年 89 岁。

董必武是一个坚定马克思主义者，他对马克思主义的信仰，在长达半个多世纪的漫长岁月里从未动摇，正如他自己所说："遵从马列无不胜，深信前途会伐柯"[①]。

参考文献：

［1］《董必武选集》，人民出版社 1985 年版。

［2］《董必武年谱》编辑组编：《董必武年谱》，中央文献出版社 1991 年版。

［3］肖振奎：《忆董必武的挚友潘怡如烈士》，《武汉文史资料》

① 董必武：《董必武诗选》，人民文学出版社 1977 年版，第 273 页。

1999 年第 7 期。

［4］田子渝:《董必武早期思想转变的特点》,《东岳论丛》1988 年第 3 期。

献身真理　壮志未酬

中共一大代表中，陈潭秋、何叔衡、王尽美、邓恩铭在革命斗争中献出了宝贵的生命。陈潭秋面对新疆军阀盛世才威逼利诱、严刑拷打，断然拒绝在“脱党声明”上签字，英勇就义。何叔衡参加一大会议时已经45岁，是代表中年龄最大的。在根据地转移，遭遇敌人包围时，怕拖累战友，纵身跳崖。王尽美为革命积劳成疾，病逝在岗位上，是一大代表离世最早、生命最短暂的一位。邓恩铭被叛徒出卖，在敌人的严刑拷打面前，坚守气节，英勇不屈，献出年轻的生命。面对生死抉择，他们都表现出一个共产主义者的坚定信念和高尚的革命气节，他们的生命光辉，在黑暗的旧中国照亮了许多国人前行的路。

陈潭秋

陈潭秋很早就立志“要正直为人，为民众办事终生”，做一个“澄清浑浊世道”的人；在寻求救国救民真理的过程中，逐步形成了救国是政治问题，教育决不能救国，实业不能根本解决问题，要想拯救中华，还是要用先进的思想去改造社会的见解。大学毕业时，他没有如普通人那样去寻找一个高薪职业，而是积极投身革命运动，在革命斗争的实践中，作出了坚守一生的人生抉择——为求得中华民族的独立与解放，必须以马克思主义为指导，走俄国十月革命的道路。为这一选择，他甘愿抛弃富贵安宁，直至牺牲宝贵的生命。

少年才俊　走上革命道路

陈潭秋，原名澄，字云先，号潭秋，1896 年 1 月 4 日出生在湖北省黄冈县东弦乡儒博村一个没落的知识分子家庭。

陈潭秋幼时在私塾就读，后入族立聚星学校，读书勤奋、刻苦，一直是学校的优等生。少年时期的陈潭秋，在兄弟姐妹中最钦佩五哥树三。五哥树三思想激进，早年就读于湖北工业学校，因带头撕毁校方开除学生的布告，掀起学潮，被开除学籍。他回到家乡，创办聚星学

陈潭秋故居

校，同时又奔走于武汉各地联络同仁，宣传三民主义，是辛亥革命武昌首义的重要人物之一。他经常教育陈潭秋不要死读书，要多观察，多思考，常给他讲革命故事，宣传民主主义思想，是陈潭秋革命思想的启蒙者。他曾对少年陈潭秋说，你的名字叫陈澄，就是澄清浑浊世界的意思，长大后，要努力去澄清这个世道。从此，做个“澄清浑浊世道”的人，成了陈潭秋的志向。

中学毕业后，陈潭秋在中华大学补习功课，准备报考大学。在选择学校和专业时，同学们都有各自的考虑。陈潭秋认为要拯救中华，必须找到先进的思想武器，用先进的思想去改造社会，而外语是寻求先进思想文化的必备工具。1916 年，陈潭秋带着“沟通世界文化”的理想，考入了国立武昌高等师范学校（即现在武汉大学）英语部。他学习非常用功刻苦，成绩优异。

在武昌高师就读的几年，日本帝国主义咄咄逼人的侵略行径，国内政局的混乱动荡，新文化运动的勃发，无不给陈潭秋思想上极大震动，尤其是俄国十月革命的成功让陈潭秋看到了一线曙光。他常常去学校图书馆阅读《新青年》《每周评论》等进步刊物，反复阅读了李大钊的《法俄革命之比较观》《庶民的胜利》《Bolshevism 的胜利》等文章，盼望中国也能像俄国一样，建立一个“工人之国”。在与同学们的交往中，他经常针砭时弊，议论当时广为流行的各种救国救民的社会变革模式和理论，并积极投身于社会活动。

五四运动爆发，正是陈潭秋即将毕业的时候，这是关系个人前途的重要时刻。陈潭秋怀着炽热的爱国之心，积极投入这一运动，并和当时正在中华大学读书的恽代英、林育南等一起领导了武汉地区的学生运动。武昌高师的学生在陈潭秋等人带领下走上街头，高呼“打倒卖国贼”“誓死不做亡国奴”“还我山东”“还我青岛”等口号。省立一中、湖北女师的游行队伍及部分爱国市民不断加入游行队伍。他们与恽代英领导的中华大学的学生队伍汇集，形成了浩大的声势。1919 年 5 月 17 日，武汉学生联合会成立，并决定于次日武汉各校学生统一行动，集会游行。武昌高师毕业班选出的代表叫高笏之，“到游行那天，高开会回来说，不游行了，因为政府不许游行。”① 陈潭秋听后非常气愤，他态度坚定，仍率领大家走上街头。下午 1 点半，武汉学生 3000 余人集会游行，武昌高师 200 余人排在队首，中华大学 300 余人排在队尾。陈潭秋带领武昌高师英语部学生，手持写着“争回青岛”“灭除国贼”“提倡国货”“抵制日货”等文字的各色小旗，一边高呼口号，一边沿途散发传单。

五四运动后，陈潭秋与武昌高师派出的学生代表一起到南京、上海进行革命串联。在上海，陈潭秋结识了董必武、李汉俊，从他们那里阅读了《马克思主义入门》《政治经济学入门》《共产党宣言》《〈资本论〉浅说》和《黎明》《改造》《新潮》等马克思主义读物和进步书刊。在此后几个月中，陈潭秋和李汉俊、董必武等人经常在一起交流学习马克思主义的心得，畅谈改造中国和世界的抱负，大家最关心的问题是为什么俄国的革命能够取得胜利，而中国的革命却不断地失败。通过讨论，陈潭秋认识到，“不懂得马克思主义，不懂得十月革命，就等于是聋子、瞎子，找不到路”。②

传播革命思想　为建党而奋斗

自少年就有民主革命思想的陈潭秋，在俄国十月革命影响下，经过五四运动斗争的历练，以及与董必武、李汉俊等先进知识分子在思想

---

① 王安庭:《五四运动中的陈潭秋》,《回忆陈潭秋》，华中工学院出版社 1981 年版，第 31 页。

② 中共中央党史资料征集委员会编:《共产主义小组》(上)，中共党史资料出版社 1987 年版，第 355 页。

上的碰撞，更加清晰了自己的人生抉择。武昌高师英语科毕业后，他没有如普通人那样去寻找一个替洋人办事的“高薪职业”，而是与林育南、刘艺祖等黄冈同乡，回到家乡，投身改造社会的革命洪流。他们通过演讲、戏剧等形式宣传新思想新文化，在贫苦农民中撒播反帝反封建的革命火种。

为传播革命思想，培养革命人才，陈潭秋协助董必武创办私立武汉中学，并担任英语教员，兼乙班班主任。当时陈潭秋的八弟陈荫林也在学校任英文教员，由于经费不足，教职员都实行低薪或不支薪。武汉中学以培养“朴诚勇毅干革命”的爱国青年为目的，在创办之初就大开社会风气之先，如在湖北省中学的国文课中率先采用白话文，率先实行男女同班，使学生们在思想上获得了新文化的启蒙；在教学方法上，组织学生深入社会，接触民众；注重学生课外阅读，培养学生分析时事问题的能力。许多学生由于受到陈潭秋、董必武等人的教育培养和先进思想的熏陶，走上了革命道路。其中一些先进分子，成为武汉共产党早期组织的核心成员，有力地推动了湖北地区革命形势的迅猛发展。

1920 年春，陈潭秋和陈荫林将家乡的聚星学堂改造成一所新型学校，招收贫农子弟入学，聘请具有新知识、新思想的教师到学校任教。陈潭秋、董必武等在武汉先后发起成立新教育社、湖北职业教育研究社和湖北平民教育促进会，出版了刊物——《新教育》；还办起了劳工学校、女子补习学校、识字班、平民学校、农民夜校，以工农群众及其子弟为教育对象，传授文化知识，宣传革命道理。

同年 10 月，根据上海共产党早期组织的提议，陈潭秋与董必武、包惠僧、刘伯垂、张国恩、赵子健、郑凯卿等人在武昌抚院街董必武的寓所举行秘密会议，成立武汉共产党早期组织。不久，董必武、陈潭秋等以早期组织成员为骨干，成立了武汉马克思主义研究会，先后参加研究会的成员有黄负生、刘子通、施洋等 20 余人，其中的大多数人后来都加入了中共。陈潭秋和研究会的成员每周开会一次，学习《共产党宣言》《〈资本论〉浅说》《社会主义史》《马克思传》等著作和《新青年》《共产党》月刊等马克思主义读物，交流学习心得。研究会一直是借用武汉中学的教室开会，会议的有关报告和政治评论文章，多在《武汉星期评论》上发表。

在武汉共产党早期组织中，陈潭秋负责组织工作。他利用在学校教书的有利条件，在青年学生中开展组织发动工作。1920 年 11 月 7 日，武昌社会主义青年团在武汉中学成立。青年团的成员不仅学习《资本论入门》《共产主义 ABC》等马克思主义学说，而且积极投入实际斗争。1921 年，陈潭秋与钱介盘等又创办了共进中学，并在那里任教。此外，他还在高师附小和湖北女子师范学校兼课，以这些学校为阵地宣传马列主义，并以这些学校掩护他的革命活动。他经常利用课堂、讲座、报告的形式，向青年学生分享他自己学习马克思主义经典的心得，讲授俄国社会主义革命胜利后的情况，分析中国的基本问题及改造中国的道路，激发学生的爱国热情。他与董必武等人还在学生和教员中先后组织了“青年读书会”“妇女读书会”“新教育社”“仁社”等团体。陈潭秋在一次读书会上说：“我们不是为了咬文嚼字才来办读书会。办读书会，学习革命理论，是为了救我们的国家，救被压迫的劳动人民。”[①]1921 年 2 月，陈潭秋、董必武等发起创办了《武汉星期评论》，这是武汉共产党早期组织领导下发行的最早刊物。陈潭秋曾在该刊上发表了《五一的意义》《妇女运动》等文章。

1921 年 6 月，武汉共产党早期组织接到上海共产党发起组的信函，请各地党组织派出两名代表，出席在上海召开的中国共产党第一次全国代表大会。经过小组成员酝酿，董必武、陈潭秋被推荐作为武汉党组织的代表出席大会。不久，董必武和陈潭秋一起乘太古公司的轮船东下，

① 《毕生业绩有光辉》，《长江日报》1978 年 12 月 28 日。

于7月20日左右到达上海。会议期间，陈潭秋曾同许多代表进行交谈，谈了自己对各种问题的看法。他觉得，“会前会后的交谈与在会议上的争执辩论是同样重要的，或者相互间的交谈酝酿，比在会议上的争论还要重要，还要深入”。[①]会议就政治形势、纲领草案、决议草案等进行讨论时，陈潭秋都发表了自己的意见。他说：“我党不仅是中国无产阶级的先锋队，而且是全民族和全中国人民的领袖”；中国共产党“始终在布尔什维克道路上前进”。[②]他还认为，党要按照俄国布尔什维克的组织原则建立起来，党内思想斗争则是中国党的发展、健全、布尔什维克化的主要关键。在讨论党的纲领时，他坚持与资产阶级政府不调和的主张。在讨论对孙中山的态度与关系问题时，曾发生争论。“包惠僧认为我们与孙中山是代表两个敌对的阶级，没有妥协的可能。他说，我们对孙中山应当与对北洋军阀一样，甚至还要更严厉些，因为他在群众中有欺骗作用”。[③]陈潭秋根据自己的经历和认识，反对包惠僧的观点，认为不能把孙中山也看成军阀。他说：“半封建半殖民地的中国，革命不可能是一步登天的，恐怕是要经过一些曲折的道路。我们一面要坚定阶级立场，与资产阶级斗争到底，另一面对反动统治阶级的人和事也要分一个青红皂白，分别对待。这样，我们的党才能得人心，才能站在正义的方面，才能扩大我们的政治影响，争取革命的多数”。[④]最终，会议通过了以下原则：“对孙中山主义，采取批评的态度，而对某些进步

① 包惠僧：《回忆陈潭秋》，《文史资料选辑》第58期，中华书局1979年版，第30页。

② 《陈潭秋在庆祝党的15周年纪念会上的讲话（提纲）》（1936年7月），载《中共党史资料》1982年第3辑，中共中央党校出版社1982年版，第64—65页。

③ 陈潭秋：《第一次代表大会的回忆》，《“一大”前后》（二），人民出版社1980年版，第288—289页。

④ 中共中央党史资料征集委员会编：《共产主义小组》（上），中共党史资料出版社1987年版，第450页。

的运动，则采取党外合作的形式来援助他。”[1] 这一原则的确立，为以后国共两党的合作提供了可能。

深入工农群众　投身大革命

中共一大以后，中共武汉区委成立，陈潭秋先后任组织委员、委员长，主要任务是开展湖北的工人运动。早在武汉共产党早期组织成立前，陈潭秋就创办了“湖北人民通讯社”，以记者的身份经常深入工厂，调查和了解工人的生活状况，办识字班向工人讲解革命的道理，启发工人的觉悟。不久，成立“粤汉铁路职工联合会”。1921 年 9 月，粤汉铁路武长段工人取得罢工斗争的胜利。12 月，汉口人力车工人又取得罢工斗争胜利。接着，武汉工人运动风起云涌：1922 年 2 月 2 日，汉阳钢铁厂工人罢工；3 月，武汉电话局工人罢工；5 月，汉口租界人力车工人罢工；7 月，汉阳钢铁厂再次罢工；8 月，汉阳兵工厂工人罢工；9 月，粤汉铁路武长段工人第二次大罢工，羊楼茶厂工人罢工，扬子机器厂工人罢工；10 月，汉口英美烟厂工人罢工，武汉轮驳工人罢工，武汉模范大工厂工人罢工；11 月，汉口隆茂洋行棉花工人罢工；1923 年 1 月 1 日，汉阳钢铁厂工人再次罢工；汉口英美烟厂工人再次罢工；粤汉铁路徐家棚工人罢工；武汉电话工人罢工；大冶下陆铁矿工人罢工。在这些罢工斗争的基础上，成立了武汉工团联合会，不久又成立湖北工团联合会。陈潭秋对每一场罢工斗争都制定策略，具体部署。

在武汉工人运动日益高涨的形势下，陈潭秋选择铁路工人比较集中，群众基础较好的江岸地区开展工作。他选定苦大仇深、热心为工人办事、有组织领导能力、在群众中有威信的林祥谦、项德龙（即项英）

---

① 陈潭秋：《第一次代表大会的回忆》，《“一大” 前后》（二），人民出版社 1980 年版，第 289 页。

为培养对象。陈潭秋曾到林祥谦的家中谈心，引导他看进步书刊，提高他的阶级觉悟。1923 年，陈潭秋参与领导震惊中外的京汉铁路工人大罢工。2 月 1 日，京汉铁路总工会在郑州成立，陈潭秋代表武汉党组织以新闻记者身份出席总工会的成立大会。吴佩孚以武力阻挠，封闭会场。为了反抗军阀的高压政策，京汉铁路全线两万余工人于 2 月 4 日举行总罢工，陈潭秋具体负责武汉方面的罢工斗争。罢工开始以后，陈潭秋夜以继日地投入到紧张的罢工领导工作中，一方面与林祥谦、项德龙保持密切联系，了解罢工进展，研究斗争部署，及时调整斗争策略；一方面发动社会各界声援罢工，特别是组织学生，每天前往江岸慰问罢工工人。2 月 6 日，在陈潭秋等组织和率领下，武汉 18 个工团和学联的队伍齐集江岸举行万人慰问大会，会后进行了声势浩大的示威游行。2 月 7 日，罢工遭到反动军阀血腥镇压，陈潭秋临危不惧，先将其他同志安全撤出，自己却始终战斗在江岸指挥部。在这场斗争中，江岸工人牺牲数十人，受伤 300 余人，林祥谦、施洋壮烈牺牲，陈潭秋遭军阀通缉。罢工虽然失败了，但是提高了工人阶级的政治觉悟。1922 年 5 月 1 日，陈潭秋在《武汉星期评论》五一纪念号的增刊上发表了《“五一”底略史》一文，为武汉工人运动指明方向，鼓舞武汉工人“继续不断地奋斗”。

1923 年夏，陈潭秋受组织委派前往安源，与李立三、刘少奇等一起领导安源工人运动。他先后任中共安源地委委员兼安源路矿工人俱乐部代理窿外主任和教育股副股长。陈潭秋在安源地委工作期间，还担任指导社会主义青年团工作，重视培养青年干部，先后召开了团的第三、第四、第五届代表大会。1923 年 12 月至 1924 年 5 月，团支部发展到 26 个，团员人数 245 人，其中大多数人后来加入了中国共产党。[①] 在安源，陈潭秋还凭借多年教育工作的经验，对学校教育进行了大刀阔斧的

① 参见长沙市革命纪念地办公室、安源路矿工人运动纪念馆：《安源路矿工人运动史料》，湖南人民出版社 1980 年版，第 34 页。

改革，建立一系列规章制度，提高了教学质量。他十分重视对工人和工人子女的教育，在他的积极努力下，子弟学校由三个增加到八个，学生由数百人增加到2000多人，参加工人夜校学习的工人也由600人增加到1000多人。在大革命的高潮中，成长起来的安源工人发挥了革命骨干的作用。

1924年秋，陈潭秋回到武汉，这时国共合作统一战线已正式建立。陈潭秋协助董必武等人宣传中共主张，抨击反动军阀，积极开展工农运动。不久，成立了以共产党和国民党左派为核心的国民党湖北省党部执行委员会，陈潭秋任组织部长。随着工农革命运动的向前发展，革命统一战线内部资产阶级同无产阶级争夺领导权的斗争也逐渐激烈起来。12月，陈潭秋在《中国青年》发表了《国民党的分析》一文，用历史唯物主义的观点和阶级分析的方法正确认识国民党，批评了当时党内存在的右的和“左”的错误倾向，提出坚持党对统一战线的领导权。次年1月，陈潭秋参加了在上海召开的中共四大，大会明确提出了无产阶级在民主革命中的领导权问题和农民同盟军问题。

1926年7月，国民革命军主力出师北伐。在攻克武昌的斗争中，当时军阀陈家谟、刘玉春率2万余人，据守武昌孤城，负隅顽抗，城内一片白色恐怖。陈潭秋以高师附小为据点，同董必武等深入到群众中，组织学生贴标语、散传单，瓦解敌人军心，里应外合配合北伐军，顺利攻占武昌。1927年1月，陈潭秋被派往江西担任中共江西省委代理书记。任职期间，他举办了党员干部训练班，培养领导骨干，积极开展统战工作，还协助省农会秘书长方志敏培养农运干部。

转战南北　从白区到中央苏区

大革命失败后，中共组织遭受重大破坏，恢复和整顿工作既要面对白色恐怖，又要处理党内矛盾和纠纷，十分艰苦和危险。陈潭秋为各地中共组织的恢复发展四处奔波，作出了重要贡献。1927 年 7 月，陈潭秋受命去江西工作，到达南昌后，出席中共江西代表大会，担任江西省委书记。南昌起义打响了武装反抗国民党反动派的第一枪，陈潭秋领导的中共江西省委周密部署、秘密配合这次起义。他贯彻八七会议精神，领导江西武装暴动，化名徐国栋，秘密开展工作，在江西许多地方建立了秘密的中共组织。起义失败后，他转入地下，开展恢复工会、农会、整顿工农武装的工作。

1928 年春，陈潭秋夫妇奉命去中共江苏省委工作，后又调中共中央组织部，陈潭秋任组织部秘书；不久，受中央委托又以中央巡视员的身份赴北方的顺直省[①]检查工作。中共顺直省委的工作范围包括河北、山西、北平、天津、察哈尔、绥远、热河、河南北部和陕北等广大地区。顺直省委的工作自李大钊遇难以后，长期陷于瘫痪，经过深入调查了解，陈潭秋发现顺直中共组织的严重问题，立即向中央作了汇报。根据中央的指示，陈潭秋和刘少奇等人负责召集和主持顺直省委扩大会议。会议吸取了前两次改组的经验教训，通过了《顺直目前政治任务》《组织问题》《纪律问题》《职工运动》《农民运动》《士兵运动》六个决议案，确定了顺直党的政治任务及工作方针。鉴于省委工作已陷于瘫痪，他和刘少奇等会商后，决定改组顺直省委。由陈潭秋、刘少奇、韩连惠组成“潭少连”直接处理省委工作，陈潭秋、刘少奇以中央特派员身份常驻顺直省委以加强中央对顺直省委的领导。陈潭秋与省委一班人披荆斩棘，为迷茫中的北方中共组织和广大党员辨清前进的方向，使得各项工作有效开展起来。其间，他还创办了顺直省委党内刊物《出路》。

---

① 顺直是指北平（曾名顺天府）和河北（曾名直隶省）。

1929年8月，陈潭秋又奉命赴青岛、满洲等地巡视工作，10月被调回中央组织部协助组织部部长周恩来，工作十分出色。1930年9月，陈潭秋出席了中共六届三中全会，会后，出任中共满洲省委书记，满洲是中共中央与苏联、共产国际联系的陆上通道。为了扩大中共在东北地区的影响，陈潭秋领导中共满洲省委及东北各级中共组织广泛开展宣传工作，发行了大量的刊物，多次开展散发传单活动，号召东北民众投身反帝反封建军阀行动。由于党组织曾遭到严重破坏，陈潭秋着力加强组织建设，对奉天市委进行改组，派出同志到各地建立党团组织。经过不懈努力，遭到破坏的奉天市委，北满特委，延吉、盘石、柳河、清源县委，以及抚顺、大连、长春特支等十多个中共地方组织得到恢复，还新建了40多个地方组织。党团员人数发展到200余人，计有1.5万多名工农群众参加了各种革命团体，从而建立了比较巩固的具有较好群众基础的中共满洲各级组织体系。同年12月，陈潭秋在哈尔滨被捕，以非法集会罪被判刑四年。在狱中，陈潭秋利用一切机会，组织被捕同志一起学习，坚定信念，同敌人进行了巧妙周旋和坚定斗争。

出狱后，陈潭秋奉命去上海中共中央机关工作，不久，被任命为中共江苏省委组织部副部长。他发动工人罢工，举办工人、干部培训班。这一时期，为了省委机关安全，他和妻子徐全直带着两个孩子不断地搬家转移，十分辛劳和危险。1933年年初，中共中央决定陈潭秋夫妇到中央苏区工作。徐全直临近产期，只能暂留上海。他们俩商量，将两个大孩子送至外祖母家抚养，即将出生的第三个孩子，送到湖北兄长家寄养。陈潭秋告别妻子儿女，与谢觉哉打扮成商人，在交通员的护送下，徒步从白区进入中央苏区。6月，徐全直分娩后去中共上海秘密联络点联系赴中央苏区时不幸被捕，不久被押往南京监狱，于1934年2月在南京雨花台英勇就义，时年31岁。

1933年初夏，陈潭秋任福建省委书记。在当时战争异常艰苦的环境下，省委的中心工作就是战争动员，支援前线作战。具体的任务：一是扩红，二是筹粮，为粉碎敌人“围剿”做好各项基础性物资准备工作。当时无论是扩红还是筹粮都是异常困难的工作。陈潭秋带领省委机关的同志，深入发动群众，带头节约粮食支援前线。第五次反“围剿”开始以后，苏区面积日益缩小，加上国民党当局实行粮食封锁，粮食十分短缺。在国民党多次“围剿”实行消耗战的情况下，苏区人力资源日渐枯竭。前线出现大量的战争减员，“扩红”工作困难重重。陈潭秋在福建省委半年时间，着重抓了三次“扩红”工作，在长汀、连城等地动员了成千的青年参加红军，奔赴前线。前两次“扩红”都完成了上级下达的指标任务，最后一次扩红因为人力资源极端匮乏，无法完成上级的指标。陈潭秋如实地向中央报告这一情况。王明“左”倾教条主义错误控制的中央无视客观实际，给不能完成任务的陈潭秋扣上了“右倾机会主义”的帽子。即使受到批评，陈潭秋仍然兢兢业业地开展工作。1934年1月，因为没有完成“扩红”的任务，陈潭秋被免去福建省委书记的职务，但仍然作为福建省代表出席了中华苏维埃第二次全国代表大会，当选为中央执行委员，被任命为中央临时政府第一任粮食人民委员。

由于苏区面积缩小了许多，粮食的收集和供应都很困难。陈潭秋依靠各级党的组织和苏维埃政府，充分调动广大干部和农民群众的积极性，1934年春秋季的两次征收土地税和紧急解决红军给养的三次借谷运动，都胜利完成预定的指标。不仅如此，陈潭秋还领导粮食部首先响应中央每天节省三升米运动。陈潭秋以身作则，很快在苏区的机关和村镇群众中形成了一个轰轰烈烈的“节省三升米捐助红军”的运动。同年10月，中央红军长征后，陈潭秋奉命留下坚持工作，先后任中共中央苏区分局委员、中央分局特派员。

1935年8月，陈潭秋同陈云、杨之华等从上海去莫斯科参加共产国际第七次代表大会。此后，他作为中共驻共产国际代表团成员之一，

憑票於一九三五年九月
向蘇維埃倉庫取還乾
谷伍拾斤正
糧食人民委員　陳潭秋

憑票於一九三六年九月
向蘇維埃倉庫取還乾
谷伍拾斤正
糧食人民委員　陳潭秋

陈潭秋签署的粮食票证

留在莫斯科工作。1936年7月，中国共产党成立15周年之际，客居异国他乡的陈潭秋，提笔写下了《中共第一次大会的回忆》，发表在1936年《共产国际》第四、五期合刊上。此文为中国共产党第一次全国代表大会留下了一份弥足珍贵的历史文献。

临危受命　最后的战斗

新疆地处我国西北边陲，毗邻苏联。抗日战争时期，新疆是苏联援助中国抗日物资的主要通道，也是中共中央与共产国际之间的国际交通线。当时统治新疆的是军阀盛世才，1933年被各方势力推举为新疆临时督办。为了巩固自己的统治，他打出了“亲苏联共”的政治招牌，请求共产国际和苏共派人到新疆工作，派军队到新疆平叛。经盛世才同意，1937年10月，中共中央在迪化设立了八路军驻新疆办事处，先后派出了三任中共代表驻新疆。1938年，中共中央又先后派遣林基路等三批干部进疆，帮助制定了“反帝、亲苏、民平、清廉、和平、建设”

六大政策作为新疆的施政纲领。

1939 年 9 月，陈潭秋化名“徐杰”，临危受命任第三任中共中央驻新疆代表和八路军新疆办事处负责人，全面主持中共在新疆的工作。陈潭秋到达新疆，正是国际形势风云变幻，德、意、日法西斯势力甚嚣尘上之时；在国内，蒋介石国民党的反共磨擦不断发生，国共统一战线面临挑战。盛世才与中共合作并非出于民族大义，而仅仅是为了自己的野心和私利，这就决定了这种合作的脆弱，一有风吹草动，盛世才就开始摇摆。这时，他认为苏联和中共靠不住了，于是他的政策由“亲苏联共”逐步转向“拥蒋反共”，不断掀起反共逆流。

陈潭秋到任后，尽最大努力维护抗日民族统一战线，为新疆发展作出贡献。他整顿了财政，改革和统一了新疆币制，打击了贪官污吏，稳定了物价，为新疆培养了一大批人才。他坚持与盛世才开展有理有节的斗争，坚守斗而不破的底线思路，保持新疆这条重要的国际交通线安全通畅。他非常注重“新兵营”的野营训练和冬季学习，恢复政治部，全面抓思想政治工作，提高实战能力。1939 年冬，陈潭秋从“新兵营”中选派了 40 多人到苏联学习，次年结业后回到了延安。1941 年 1 月，根据中共中央的指示，陈潭秋又安排“新兵营”300 多人返回延安，这些人在抗日战争、解放战争、抗美援朝战争中，都作出了重要的贡献。在迪化工作的中共党员较多，陈潭秋对他们抓得很紧，经常召集他们过党的组织生活，加强思想教育。

1941 年 6 月，苏德战争全面爆发，12 月，日本帝国主义挑起太平洋战争，法西斯势力猖獗一时。国民党反共更加肆无忌惮，加紧图谋新疆，蒋介石将盛世才驻重庆的代表张元夫派回新疆和盛世才谈判。由于国内外形势的紧张，新疆的局势也在急剧恶化，盛世才捏造各种罪名逮捕和迫害进步人士和爱国青年，反苏反共。陈潭秋多次向中央汇报新疆严峻的形势，提出撤离的建议。

1942年3月19日，坚持亲苏亲共立场的盛世才四弟盛世骐被人枪杀于家中，导致盛世才与苏联、中共的关系急转直下。不久，盛世才制造了所谓共产党“四一二阴谋暴动案”，以“保护”和“另有任用”为名，将南北疆各区县的共产党员全部调回迪化，集中在八户梁招待所，并命令中共航空队全体学员离开航空队，集中到南梁招待所，实际是全部软禁起来。在新疆的共产党人处境危急，从这时开始，陈潭秋几乎一天一份电报，向中央汇报发生的情况。

同年6月底至7月上旬，中央几次复电，同意在新疆工作人员全部撤退，但因通往延安的交通已被国民党封锁，撤退到苏联去，要经斯大林的同意。陈潭秋多次向苏联领事馆提出解决问题的办法，但苏联方面却行动迟缓。陈潭秋根据中央的指示，领导新疆的中共党员集中进行整风学习，在当时的斗争环境中，陈潭秋尤其注重对党员干部的革命气节教育。10月1日，共产国际终于做好了撤退的安排，然而为时已晚。

9月17日，盛世才彻底与中共翻脸，派军警包围了八路军办事处，将陈潭秋、毛泽民、林基路等人逮捕，又把中共在新疆的160多个共产党员、革命干部和家属全部监禁起来，制造了骇人听闻的“新疆事件”。在狱中，陈潭秋不断领导狱内、狱外斗争，使敌阴谋受挫。面对敌人各种酷刑和劝诱，都予以义正词严的驳斥，表现出一个共产党员宁死不屈、正气凛然的高尚气节。为向蒋介石表达与中共彻底决裂的决心，盛世才于1943年9月27日下达了杀害陈潭秋、毛泽民、林基路的手令，陈潭秋壮烈牺牲，时年47岁。由于消息隔绝，在1945年召开的中共七大上，陈潭秋仍被选为中央委员。

陈潭秋的一生，是为自己坚信的理想信念奋斗的一生。在长达20多年的革命生涯中，陈潭秋历经艰险而坚贞不屈，屡遭磨难而奋斗不止。他注重把马克思主义理论研究与中国国情相结合，在思想理论上提出许多精辟的见解。他把毕生精力和宝贵生命都献给了党和人民的事业。

参考文献：

［1］《陈潭秋文集》，人民出版社 1997 年版。

［2］陈乃宣、胡云秋：《陈潭秋传记》，湖北人民出版社 1991 年版。

［3］李玉贞：《国民党与共产国际 1919—1927》，人民出版社 2012 年版。

［4］武汉市总工会工运史志研究室：《武汉工人运动史》，辽宁人民出版社 1987 年版。

［5］王相坤：《中共创立时期共产党人的初心解读——陈潭秋篇》，《党史文苑》2018 年第 6 期。

何叔衡

何叔衡是一个普通农民的儿子，读书考取秀才，本是为了做官，改变家庭命运。他却说服父亲，推掉去县衙做事的聘书，选择在乡间种地教书。面对封建王朝腐败，人民生活苦不堪言的现实，何叔衡“绝不是想安居乡里以善终”的人，他走出家乡，教书求学，探求改造社会的道路，立志为国家、民族干一番事业。在长沙学习期间，他投身革命运动，把信仰马克思主义作为自己的人生抉择，誓言要“把人类引到那真理的轨道上去”[①]。他把自己的一生都贡献给了人民的解放事业，在党内他是一位受人敬重的革命长者。

清末秀才　弃官当塾师

何叔衡，谱名启璿，字玉衡，号琥璜，学名瞻岵，1876 年 5 月 27 日出生在湖南宁乡县杓子冲一个农民家庭。按宁乡农村流传的迷信说法：男子要五（午）不得五，逢五就有福。何叔衡生在五月初五，正是端午节，下地时正是午时，在六个兄弟姐妹中是第五个，在叔伯兄弟中排行第五。一人占了这许多“五”，大家认为他“八字”好，吉祥福气，将来会有出息，父亲何绍春也深信不疑。然而不幸的是，他五岁时，母亲去世，父亲一直没有再娶。父亲是个勤劳朴实的农民，生性正直又深

① 何叔衡:《大公报六周年纪念》,《大公报》1921 年 9 月 1 日。

谙世情，认为“穷人勤劳三分命”“一概要公”“世间只有私心坏”，相信只要勤劳就能吃饱。何家基本上过着种地、养猪、种草自给自足的生活。未分家时，全家三代同堂，叔伯兄弟 40 多人共同生活，家里人多，每次吃饭要开六桌。家里的十二三亩田和一点山地，不够维持全家的生活。为了养家糊口，家里多数劳动力外出租田种，每年还利用空闲时节，到洞庭湖沿岸一带做几个月的短工，才能勉强度日。但是，与村内其他几户农民比起来，家境就算不错了。

父亲对占有许多“五（午）”的何叔衡寄托着特殊的希望，于是全家节衣缩食，让他上私塾读书，盼望培养出个秀才，改变家庭命运。后来，何叔衡曾对女儿实山、实嗣说：我读了书，我的两个姐姐、两个哥哥和一个弟弟几乎没有读书。我是靠你们几个伯伯叔叔的劳动才读成书的。所有的书都由我一个人读了。① 何叔衡自 12 岁启蒙上塾学，直到 22 岁，十年间除两年在家帮种地外，先后读了八年私塾，这在当时的乡坊是十分少见的。

在众多塾师中，姜方谷对何叔衡影响最大。姜性格耿直，曾在外面做过小官，眼界开阔，对当时清政府的腐败懦弱十分不满。他常用历史上民族英雄的事迹启发学生的爱国爱民思想，给学生讲清政府的腐败无能，《马关条约》的丧权辱国，还满怀激情地吟诵岳飞的《满江红》。何叔衡随姜方谷读了四年，不但修完“四书”“五经”，而且阅读了历代名著。中日甲午战争之后，帝国主义对中国的侵略更加疯狂，清王朝也更加腐败。何叔衡目睹官吏横行，豪绅肆虐，苛捐杂税多如牛毛，人民生活于水深火热的现状，对清王朝的统治十分愤懑，写下了许多忧国忧民的文章。

1902 年，何叔衡奉父命去考秀才，从春到夏，一连几级考试，榜

① 参见何实山、何实嗣：《忆父亲何叔衡成为马克思主义者的前后——从“穷秀才”到“一大”代表》，《新湘评论》1981 年第 7 期。

上有名，农民儿子得中秀才是件很不容易的事。11 月的一天，县衙有差使专来何家送达一份要何叔衡到县衙去管钱粮的任职聘书，这在偏僻的乡间算是件大事。读书就是为了做官，这是几千年来中国知识分子所梦寐以求的。全家上下自然高兴，乡里乡亲都来道贺，但是 26 岁的何叔衡，不愿为腐败的清政府卖命，拒绝赴任。父亲却难以接受他的这个选择，不去当官，考个秀才作啥？这许多年书岂不白读？何叔衡却认为如今世局之汹汹，人情之愦愦，宁愿在乡间种地、以教书为生，过“穷秀才”的生活。

何叔衡在乡村教私塾五六年，收费比别人低。那时秀才教私塾至少得八九十担谷一年，他就收四五十担谷。别的先生收七八块光洋一年，在他这里读书，只收五块光洋就够了，家里穷一点的学生，只要一块到两块，甚至个别家境过于穷困的学生干脆就不收学费。他教书除了讲“四书”“五经”等传统典籍，还大量介绍《楚辞》、唐诗、宋词给学生，在讲岳飞、文天祥、鸦片战争和八国联军时，时常自己泪流满面。

何叔衡极富同情心。1906 年，宁乡遭灾，“春夏谷米昂贵，饥民排队索食”，但遭到官绅严厉镇压。一次，在何家祠堂做长工的余某，因孩子饥饿偷拿了祠堂里半担积谷，被族长发现。族长叫人将他捆起，准备第二天邀些乡绅将他沉塘处死。何叔衡闻讯即邀好友谢觉哉、姜梦周、王凌波等闯进祠堂，恭恭敬敬地对大家作揖道：老余偷谷的确有损教化，有伤道德，但大家不是都有妻子儿女、父兄姐妹吗？这年头，不容易，就原谅老余一次吧！老族长虽然不甘，见来的是班秀才，便也只好同意放人。这回秀才带头“造反”，引起乡亲们极大的惊奇和钦佩。1908 年，何叔衡的妻子又生一个女孩，亲友怕秀才绝后，要他娶妾。他坚决不答应，给刚生的女儿取名“实嗣”，意即这个女孩是他家的实际继承者，以示反对女儿不能传宗接代的封建伦理观念。大女儿长大，他不让女儿跟着别人念《女儿经》，亲自教女儿启蒙识字，于是乡里人称他为“反对封建的穷秀才”。

走出乡里　立志救国

何叔衡在教私塾期间，一边教学，一边抓紧自学。1909 年春，他应聘到 50 多里外的云山高等小学堂，教高年级的国文、历史和地理，这是他思想发展的一个重要阶段。云山学堂是一所新式学堂，有很多宣传变法图强的著作和传播资产阶级民主革命思想的书刊。他认真阅读了明末清初进步思想家王夫之、顾炎武、黄宗羲等人的著作，又接触了康有为、梁启超、谭嗣同、严复等人的变法维新思想，这都让何叔衡大开眼界。云山学堂堂长文经酉是同盟会员，经常宣传“驱除鞑虏，恢复中华，创立民国，平均地权”的革命纲领。在福建参加同盟会的堂兄何梓林，经常给何叔衡寄来一些具有革命思想内容的书报，告诉他同盟会组织武装起义的消息。何叔衡的眼界进一步开阔，开始从痛恨腐败的清政府转向接受孙中山的革命民主主义。1911 年 10 月，武昌起义取得胜利，12 天后，湖南宣告独立。何叔衡带头剪掉头上的辫子，并动员学生剪辫子，还专程回家，动员父亲、兄弟和邻居剪掉辫子，后来又让全家大、小女子不再裹足。

为寻求改变社会的途径，37 岁的何叔衡放弃教书，1913 年初考入省立第四师范，在新的天地里选择自己新的人生坐标。次年春，省立第四师范并入省立第一师范，何叔衡转入一师二部第一班（即教师讲习班）就读，结识了一师一部第八班比他小 17 岁的毛泽东。他们经常在一起探求救国救民的真理和改造社会的道路。何叔衡对毛泽东极为钦佩，曾向他的好友谢觉哉介绍“毛润之是个怎样了不起的人物”，并说：“润之说我‘不能谋而能断’，这话道着了。”[①] 毛泽东十分尊重何叔衡，

① 谢觉哉:《忆叔衡同志》,《解放日报》1942 年 5 月 8 日。

在评价何叔衡办事的顽强拼命精神时说："何胡子是一条牛"；而评价他的感情炽烈时又说："何胡子就是一堆感情！"① 何叔衡和毛泽东同学虽只有半年，但由于志同道合，结成了亲密战友。

何叔衡由于文化功底深厚，年纪又长，在一师只读半年就提前毕业了。家里的老父、妻女都盼他回家办学教书，但此时的何叔衡由于受毛泽东、蔡和森等人的影响已是志存高远。他回答侄儿为什么不肯回家乡的提问时，作了这样的答复：现在是"世道乖戾，人心浇薄"，这个世界需要改造，但谁来改造呢？他愿意做这个为改造社会作出努力的人，甚至为改造这个社会作出牺牲，所以他不回乡株守家园了。② 1914年夏，何叔衡从一师毕业后，受聘在长沙楚怡学校任主任教员，教高年级的国文和历史课。

何叔衡总是穿着那件旧青布长衫出现在校园里，冬季老戴着那顶砂锅帽，上街从不坐人力车。他领着同学们搞清洁卫生时从不指手画脚，总是带头动手。他对学生、同事、朋友都十分关心，所以，有人戏称他是学校里的老母鸡。从外表看去，何叔衡像个乡间老学究，旧派人物，实质思想激进，乐于接受新事物。尽管已年近40，他常和师生们一起跳集体舞，大礼堂里，他的表演往往格外醒目，甚至因动作笨拙，手脚不协调引得大伙捧腹，但是，任你怎样笑，他却毫不在意，照舞不误。

"叔翁办事　可当大局"

1915年，陈独秀主编的《新青年》出版，吹响了反封建的新文化

① 萧三：《毛泽东同志的青少年时代和初期革命活动》，中国青年出版社1980年版，第97页。

② 参见中央文献研究室科研图书馆编：《毛泽东人生纪实》（上），凤凰出版社2011年版，第243页。

运动号角。《新青年》《每周评论》上所发表的文章，给正在黑暗中积极寻找出路的何叔衡、毛泽东等人以极大鼓舞。在楚怡学校供职六年，何叔衡和毛泽东等人保持着极密切的联系。1917年暑假，毛泽东和萧子升游学去何叔衡家住了三天，何叔衡精心地安排每天的日程，陪他们访问农民，开调查会，共同探讨革命真理。不久，俄国十月革命爆发，湖南《大公报》发表《俄国二次政变记》《俄国政变中心之兵工委员会》等文章。何叔衡开始了解马克思主义，认真研读了《新潮》《共产主义ABC》《各国社会思潮》《解放与改造》等马克思主义著作和进步书刊。此后，他与毛泽东等人经常一起集会，讨论个人和社会如何进步的问题，深感有建立一个团体的必要，决定“集合同志，创造新环境”。[①]1918年4月14日，在岳麓山下刘家台子蔡和森家中，毛泽东、蔡和森、何叔衡、萧子升、萧子暲等13人开会成立新民学会，以“革新学术，砥砺品行，改良人心风俗”为学会宗旨，初始有会员20人。会员们经常在一起讨论国家大事和世界形势，研究俄国十月革命经验，1919年11月新民学会改选时，何叔衡当选为执行委员长。

1919年至1920年，毛泽东、何叔衡等以新民学会为核心在湖南发动了声势浩大的“驱张”运动。皖系军阀张敬尧于1918年3月进入湖南后，施行残暴统治，人民如陷水火，怨声载道。1920年初，湖南各界组织九个驱张代表团，分赴北京、上海、广州、衡阳、常德等地。何叔衡当时去衡阳，一面联络夏明翰等进步学生，发动群众驱张；一面做吴佩孚的工作，利用吴与张两派军阀之间的矛盾推动“驱张”运动。在此形势下，张敬尧孤注一掷，采取高压政策，下令查办何叔衡等教育界驱张代表，把何叔衡等从教育界开除，“永不叙用”。[②]张敬尧没过多久

① 《五四运动在湖南回忆录》，湖南人民出版社1979年版，第18页。

② 周世钊:《湘江的怒吼》，《五四运动回忆录》，中国社会科学出版社1979年版，第454页。

便被赶出湖南，驱张斗争取得胜利，衡阳代表团起了重要作用，毛泽东因此称赞说："叔翁办事，可当大局。"[①]

1920 年 5 月，毛泽东在上海见了正在积极筹建中国共产党的陈独秀，得到了陈独秀在传播马克思主义、湖南自治等问题上的指导。回到长沙后，即与何叔衡等人以新民学会为核心，创办长沙文化书社，宣传马克思主义。何叔衡利用自己的社会关系到处奔走，为书社筹集资金和争取支持。书社正式营业后，他在楚怡学校设立了贩卖部，接着又和老友姜梦周在宁乡创办了文化书社分社。何叔衡虽未担任过书社的主要负责人，但从书社的创办到以后的各项活动都凝结着他的心血。与此同时，他和毛泽东、彭璜等联络教育、新闻界的进步人士发起成立了俄罗斯研究会，号召大家研究俄罗斯，宣传马克思主义等各派社会主义学说；发行了《俄罗斯丛刊》；派代表赴京与俄代表接洽，筹备赴俄勤工俭学事宜，并在船山学社开设俄文班。在俄罗斯研究会的推动和影响下，马克思主义得到更广泛的传播，一批热血的进步青年赴俄国学习。他们回国后，多数成为中共早期的重要骨干，如任弼时、萧劲光等人。

9 月，何叔衡被委任为省通俗教育馆馆长。上任后，他改革《湖南通俗报》，邀请了谢觉哉、周世钊、熊瑾玎等担任经理和编辑，结合湖南的实际，运用群众喜闻乐见、通俗易懂的形式，大量刊载劳工神圣、妇女解放、文学革命、民众联合、反对封建礼教、反对贪官污吏、反对军阀等内容的口号和文章，把报纸办成传播新思想、新文化的阵地，发行量由原来的几百份增至六七千份。于是，社会上一些顽固守旧分子跳出来说，《通俗报》宣传"过激主义"。湖南省长、军阀赵恒惕的爪牙也警告说："何叔衡专听毛泽东的主张，尽用新民学会的人，这些人都是

① 中共中央书记处研究室政治组《做合格的共产党员》编写组：《做合格的共产党员》（第 1 集），中共中央党校出版社 1983 年版，第 91 页。

过激派。”“政府自己办报纸，专门骂政府，真是岂有此理。”[①]不久，何叔衡被赵恒惕政府撤销了馆长的职务。

1920年冬，何叔衡协助毛泽东等人秘密建立长沙共产党早期组织。长沙文化书社成为共产党人的秘密联络地点。1921年1月1日至3日，在何叔衡主持召开的新民学会新年大会上，讨论了中国革命的若干重大问题。在讨论“新民学会应以什么作共同目的”时，何叔衡认为学会的共同目的应为“改造世界”；在讨论“达到目的应采取什么方法”时，何叔衡首先发言:“主张过激主义”[②]。也就是赞成马克思主义，实行无产阶级专政，打碎旧世界。这些思想的提出，说明何叔衡对变革社会已经有了清晰的政治眼光和奋斗目标，已经完全摒弃改良主义，转变为马克思主义者。由于何叔衡对旧制度、旧秩序、旧礼教有切肤之痛，因此对马克思主义的信仰特别坚定，至死不移。谢觉哉曾说:“何叔衡同志对党的认识和坚定，是超人一等的。”[③]

为党工作　战斗在危急时刻

1921年7月，毛泽东和何叔衡作为长沙共产党早期组织的代表参加了中共一大。他们是在极端秘密的情况下前往上海的。谢觉哉1921年6月29日的日记记载，“午后六时，叔衡往上海偕行者润之，赴全国○○○○○之招”[④]。据谢觉哉说“○○○○○”即“共产主义者”。因怕暴露秘密，画圈代意。谢觉哉在1952年又回忆说:“一个夜晚，黑云蔽天作欲雨状，忽闻毛泽东同志和何叔衡同志即要动身赴上海，我颇感

① 李锐:《毛泽东的早期革命活动》，湖南人民出版社1980年版，第290页。

② 湖南省博物馆历史部校编:《新民学会文献汇编》，湖南人民出版社1980年版，第139—144页。

③ 谢觉哉:《忆叔衡同志》,《解放日报》1942年5月8日。

④ 丁浪:《谢觉哉与新闻工作》，重庆出版社1983年版，第178页。

他俩的行动‘突然’，他俩又拒绝我们送上轮船。后来知道，这就是他俩去参加中国共产党第一次全国代表大会——伟大的中国共产党诞生的大会。”①

回长沙后，何叔衡协助毛泽东着手湖南党组织的创建工作，第一批党员发展了易礼容、彭璜、陈子博等人。10月，正式成立了中国共产党湖南支部，毛泽东任书记，何叔衡为支部委员。据萧子暲在《毛泽东同志青少年时代和初期革命活动》一书中说，湖南支部是在长沙城郊协操坪旁边的一个小丛林里，由毛泽东、何叔衡、陈子博、易礼容等讨论建立的。由于这一天恰好是民国十年的十月十日，因此，曾被戏称为“三十节”。1922年5月，中共湘区委员会成立，书记是毛泽东，委员有何叔衡、易礼容等，区党委机关设在长沙小吴门外清水塘22号。

为了加强党、团干部的马克思主义理论教育，毛泽东、何叔衡等利用船山学社的社址和经费，创办了一所新型的自修大学，何叔衡担任过社长，对自修大学的创办出力很多。著名革命烈士夏明翰就是经何叔衡介绍参加了自修大学，并经何叔衡、毛泽东介绍入了党。同年9月，自修大学又附设补习学校（后来附设初中班），何叔衡任主事（校长）。他对补习学校学生的学习十分关心，经常参加学生的讨论会，找学生谈心。

由于自修大学宣传革命，影响日益扩大，1923年11月被湖南军阀赵恒惕下令封闭。毛泽东、何叔衡又立即筹办湘江学校，把原自修大学补习学校的学生大部分转到该校，何叔衡后来接任了该校校长。学校特别注意培养学生的民族独立思想与革命精神，1925年春设立农村师范部，培养农民运动人才。湘江学校一直坚持到1927年3月，曾被誉为“湖南革命的先锋”，它在三年多的时间内，为党培养了许多坚强的革命干部。

① 谢觉哉:《不惑集》，作家出版社1962年版，第319页。

大革命时期“宁乡四髯”合影，左起王凌波、何叔衡、姜梦周、谢觉哉。

中共三大确定了国共合作的方针后，根据党的指示，何叔衡在主持湘江学校前后，又和夏曦等为在湖南重建国民党的组织积极工作。1924年，他曾在宁乡指定共产党员许抱凡和梅冶成负责农民运动，在农民中发展国民党员，并亲自介绍他的好友王凌波加入国民党，后又介绍他加入共产党。1925年5月，何叔衡去常德帮助整顿和改组国民党组织。这年春，湖南国民党召开了第一次全省代表大会，成立了国民党湖南省党部。何叔衡和李维汉、夏曦、郭亮等共产党员均当选为国民党湖南省党部第一届执监委员。在他们的努力下，至“五卅”以前，湖南国民党组织共有正式县、市党部七处，临时县党部四处，县党部筹备处三处，直辖区分部五处，区党部26处，区分部136处，党员2700多人。

何叔衡还不遗余力地关注和支持工农运动。1926年8月，在国民党湖南省二大上，何叔衡当选为第二届执监委员。大会通过了关于开展湖南农、工、商、学、妇运的决议案，发表了扶助工农运动的“二大”

宣言，推动全省的工农革命运动再掀高潮。何叔衡先后担任湖南省法院陪审员、惩治土豪劣绅特别法庭成员、水口山矿局监理、《湖南民报》馆馆长等职务。在任《湖南民报》馆馆长期间，他和谢觉哉利用《湖南民报》，热情地讴歌工农的革命斗争精神，还先后连载毛泽东的《湖南农民运动考察报告》和李维汉的《湖南革命的出路》等文章，以指导农民运动。四一二反革命政变前夕，何叔衡奉命回家乡杓子冲组织农民运动，发展农民武装。5 月 21 日，马日事变爆发。何叔衡听到消息，不顾自己处境危险，立即赶赴省城。在宁乡县城大西门，何叔衡从几个熟人那里了解马日事变大体情况，得知进省城十分危险。“牛”性的何叔衡，仍毅然化装直奔长沙，刚抵河西，便被几个士兵抓住。当时的何叔衡显得又老又瘦，眼神迂腐，黑框眼镜下的脸太像乡间村塾的老先生，他又机智应对，终于虎口脱险。

由于何叔衡已暴露身份，无法在湖南继续参与革命工作，中央决定让他转移到上海，担任济难会书记。1928 年春，谢觉哉、徐特立、毛泽民等要在上海办一家能为党开展地下工作印制文件、报纸和刊物的印刷公司。何叔衡欣然接受了任务，立即着手筹办，不久，“聚成印刷公司”便开张了。之后，何叔衡被派去莫斯科学习，途经哈尔滨时，给女儿实山、实嗣写了一封信，内有诗一首：“身上征衣杂酒痕，远游无处不销魂。此生合是忘家客，风雨登轮出国门。”① 表达了他以身许党许国、忘记自家、四海为家的人生追求。到达莫斯科后，他出席了中共六大，会后进入莫斯科中山大学特别班学习。那时，他已年过五十，仍学通了俄语，以此研修革命理论。1930 年回国后，他在上海主持中国革命互济会的工作。在严重的白色恐怖中，中国革命互济会不仅担负着救援被监禁屠杀的革命者及其家属的任务，而且作为党的外围组织，在反

① 萧三编：《革命烈士诗抄》，中国青年出版社 1959 年版，第 106 页。

对帝国主义和国民党统治的斗争中起了很重要的作用。

何叔衡不仅自己投身革命，而且除大女儿留在老家陪伴妻子外，把二女儿、三女儿，连同女婿们都带上了革命道路。此时，已走上革命道路的两个女儿何实山、何实嗣由党组织安排在上海秘密印刷党的文件的印刷厂里当装订工，和女儿们难得的相聚让何叔衡十分高兴，但幸福的时光是短暂的。不久，何实嗣的爱人杜延庆在印刷厂被捕，接着何实山、何实嗣在所在的聚成印刷厂被捕，同时，何实山的爱人夏尺冰在长沙因叛徒出卖被捕。亲人们先后落入敌人的魔爪，给了何叔衡沉重的打击。他从各方面打听到被捕的两个女儿没有暴露身份，才向党组织提议营救她们。党组织以湖南同乡会的名义，将两姐妹保释出狱。杜延庆经历八个月徒刑后也出狱了。但是，夏尺冰却被军阀何键惨杀在长沙大马路上。何叔衡得知消息后，十分悲痛，却强忍眼泪，对女儿说："一个共产党员就是不应死在病床上，他一定要死在大马路上"①，他鼓励女儿化悲痛为力量，继续前进。

红色大法官　反腐倡廉的先驱

1931年，中共中央鉴于上海革命环境日益恶劣，决定调何叔衡去新开辟的中央苏区。临别前，女儿实山给他赶织了一件毛衣，他也给了实山一只刻有"衡"字的戒指，谁知这一别竟成了永诀。此时正是毛泽东领导的工农红军取得第三次反"围剿"胜利之后，苏区人民意气风发，官兵平等，干部参加劳动，军队又打仗又生产，贫苦农民分到了田地，打倒了土豪劣绅。苏维埃制度是何叔衡在参加中共一大时就写入党纲的，如今活生生地在赣南闽西的大地上实现，这一切使刚从白色恐怖

① 中共湖南省委党史资料征集委员会:《湖南党史人物传记资料选编》(第一辑)1984年，第154页。

的上海出来的何叔衡热泪盈眶。同年 11 月 7 日，中华工农兵苏维埃第一次全国代表大会在瑞金叶坪村的谢家祠堂开幕，何叔衡被选为中央政府工农检察部长。不久，他又被任命为内务部长、中央政府临时最高法庭主席、苏维埃政府工作人员训练班主任。

作为工农检察部长和临时最高法庭主席，何叔衡反对腐败的立场十分鲜明。为增强工农检察部的检察职能，他在工农检察部之下组织了突击队，设立了控告局，发现问题便及时查处。1932 年 5 月，有人向何叔衡举报瑞金县委组织部长陈景魁滥用职权，向群众摊派索要财物，利用地痞流氓欺压群众。何叔衡不相信共产党内竟有这等组织部长，决定亲自带人调查，最终查明举报情况属实。他以临时最高法庭主席名义签发了对陈景魁的逮捕令，然而此时，他收到一封装有子弹的恐吓信。他毫不退缩地说，共产党人生来就是与黑势力作斗争的！又有人传出信息，说“中央某领导人讲了，陈景魁不能杀”[①]，何叔衡还是不为所动，将陈景魁公审后处决了。

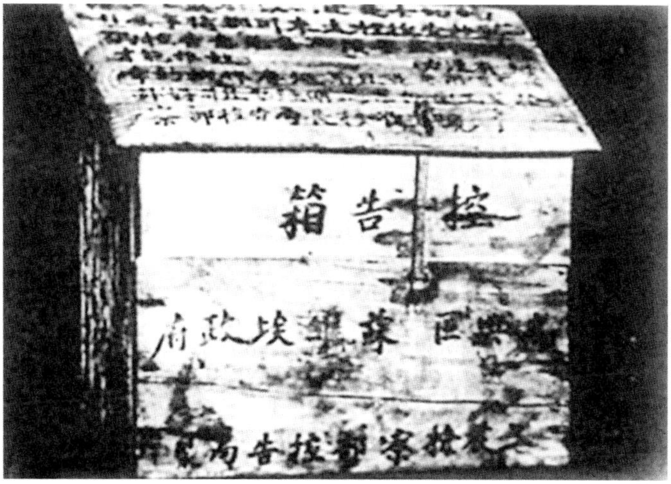

工农检察部设置的控告箱

① 刘军主编:《中国国家历史》，东方出版社 2016 年版，第 81 页。

1933年夏，一封没有具名具单位具地方的控告信揭露："瑞金县苏的干部（还有在党的人）用公家灯油到饭馆炒菜吃，有的还用油换酒喝。像这样，我们一年到头节省得死，也不够他们吃一次。"这封控告信引起何叔衡警觉，他立即派调查组进驻瑞金县苏财政部，调查了几天没有结果。何叔衡又抽调几名机灵能干的年轻人组成"轻骑队"，开展群众访谈和取证工作。调查发现，瑞金县苏不仅在灯油使用上有很大问题，而且在诸如办公纸张、邮票、药品使用以及在回收公债等方面存在诸多问题。他们采取少用多报、私用公报、会计造假等手段集体大肆侵吞、挥霍公家财产。何叔衡感到问题严重，当即向毛泽东主席作了汇报，随即签署了对唐仁达、蓝文勋、杨连财等的逮捕令。接着，临时最高法庭开庭公审，原瑞金县苏会计科长唐仁达处以极刑；原财政部长蓝文勋监禁十年，没收一切财产；杨连财监禁五年，退赔贪污款项。①

何叔衡还先后查实了原瑞金县叶坪村苏维埃主席谢步升贪婪成性、杀人越货、腐化变质的犯罪事实，案犯被执行枪决；查处了中央总务厅赵宝成、左祥云、徐毅等特大贪污案及其他案件，使一批贪污腐化分子受到了严惩。由于他厉行法治，得了个"红色包公"的美名。

身为内务部长的何叔衡需要操心的事很多，他总是兢兢业业、一丝不苟地对待工作。1932年夏，何叔衡到汀州中央看护学校、红色医务学校检查学校创办的情况；到汀州市察看列宁公园、防空洞的建设情况。为了改变邮件送达时间长、经常丢失的问题，他建立了中央邮政总局，各省设邮政管理局，各县设分局，制定了邮件寄费的统一规定，印制了苏区邮票四种，邮资也得到统一。

---

① 参见黄禹康：《何叔衡苏区反腐》，《党史纵横》2013年第5期。

纵身跳崖　血洒中央苏区

不久，王明“左”倾教条主义错误在中央苏区得到逐步贯彻，并以反对所谓“富农路线”“游击主义”为名，相继剥夺毛泽东在党和红军中的领导职务。1933 年 7 月，苏区中央局机关刊物《斗争》第 17 期刊登了题为《火力向着右倾机会主义》的文章，第一次公开点名批判何叔衡，措辞严厉尖锐，声称要用全部力量与何叔衡进行斗争。主要理由是说何叔衡在分管中央革命根据地监察、司法等项工作中有严重的“右倾”错误，而实际情况是他在掌管司法大权时恰恰采取审慎而又稳妥的工作方针，认为不该杀的坚决不能杀，杀也要证据确凿才能杀，不能滥杀。11 月，何叔衡被免去党内外一切职务，但他没有因此而消沉，即使受错误打击、蒙受委屈，依然以一个共产党员的党性原则严格要求自己，顾全大局，不计个人恩怨，不改变对真理的信仰。他与检查部的干部一起，继续查办了中央印刷厂、工农剧社、会昌县苏内务部等贪污案，并配合项英、董必武等侦破、审判了于都县苏集体贪污大案。

1934 年，在王明“左”倾教条主义错误领导下，红军未能打破国民党第五次“围剿”，被迫实行“战略转移”。中共中央决定何叔衡等留在中央根据地坚持游击战争。9 月，在中央红军突出重围的前一天，何叔衡设法弄了一点酒菜，为他的老战友谢觉哉饯行，分手时将自己使用过的怀表和一把小钢刀，作为礼物送给了谢老。这块怀表是他在 1931 年冬化装成富商大贾，从上海到中央苏区时使用过的。后来，谢老曾写诗道，“十二年前生死别，临别赠送小钢刀！”[①] 何叔衡在江西余江县的梅坑与战友们告别时，将女儿实山为他织的一件毛衣送给了林伯渠，让

① 马连儒编著:《中共“五老”诗词鉴赏》，中央文献出版社 2008 年版，第 427 页。

林老在长征中御寒。林伯渠曾于1934年10月写过一首《别梅坑》的诗，其中有四句:“去留心绪都嫌重，风雨荒鸡盼早鸣，赠我绨袍无限意，殷勤握手别梅坑。”[①]

按照中央指示，留下的人员组成中共中央分局和中华苏维埃共和国中央政府办事处，坚持开展游击战争。在江西于都县宫馆乡，何叔衡受命帮助乡政府做动员工作，他每天拄一根拐杖，早出晚归，非常辛苦，但毫无怨言。在龙泉乡政府的座谈会上，他动员大家坚定革命信心:“现在我们的红军主力退出了中央革命根据地，但并不是不要根据地，而是绕到国民党屁股（后）头去。我们的中央政府还在这里，到时间两面包抄他们，彻底消灭他们。我们要做好工作，思想不能动摇，剩下一个人也要同敌人作斗争。”[②]苏区完全沦陷后，留守人员分散突围，向福建转移。1935年2月11日，在一部分武装人员的护送下，年届六旬的何叔衡同瞿秋白、邓子恢以及项英的妻子张亮等从江西雩都县启程。国民党反动派为了围歼中央苏区军民，在这一带借助复杂地形构筑了层层碉堡，设下了道道哨卡，布置大批部队和地方保安团日夜“守剿”。2月的闽西，乍暖还寒，夜间寒气袭人，此时夜里行路就是年轻力壮的小伙也是件难事，对于年老体弱的何叔衡更是困难重重。经过几天的夜行昼伏，他们通过了敌人的重重封锁线，2月24日凌晨到达长汀县濯田区露潭附近。

因为休息做饭时的炊烟袅袅，暴露了他们的行迹，当地地主武装“义勇队”队长范连生立刻报告了驻扎在水口镇的福建地方武装保安十四团第二大队队长李玉。保安十四团团长钟绍葵率领五个中队，正巧在此行动，得到报告后，立即下令“围剿”这支红军队伍。数百名敌人

---

① 马连儒编著:《中共“五老”诗词鉴赏》，中央文献出版社2008年版，第427页。

② 郭光倍:《何叔衡同志召集我们开座谈会》，陈毅、肖华等著:《回忆中央苏区》，江西人民出版社1981年版，第532—533页。

沿着山路向村里扑来。邓子恢当机立断，立即组织大家向村子对面的一座密林高山突围。由于敌人分几路包抄，当何叔衡等即将登上山顶时，发现山顶背后羊角坳方向也有数十敌人在向山脚扑来，几乎形成了一个包围圈。护送队的战士拼命向敌人火力薄弱的地方突围，何叔衡随部队一起行动，但未能打开缺口。

激战多时，何叔衡感到气喘吁吁，筋疲力尽，不愿连累大家，就冲着邓子恢说："子恢，我不能走了，我为苏维埃流最后一滴血！"① 便掏出手枪对准了自己，邓子恢一见急了，赶紧扑上去夺他的手枪。这时，何叔衡从悬崖上滚落到山下，两个匪兵趋前一看，滚下来的红军全是血，他们上前进行搜身时，奄奄一息的何叔衡突然抱住其中一人的腿拼死搏斗，结果被另一人连击两枪，壮烈牺牲。

何叔衡舍身为党、四海为家，彰显了一个共产党人的赤诚之心和崇高精神。

参考文献：

［1］何叔衡：《丁未、戊申日记》，湖南省博物馆藏件。

［2］何叔衡：《癸丑杂抄》，湖南省博物馆藏件。

［3］杨青：《何叔衡》，河北人民出版社 1997 年版。

［4］李龙如编著：《何叔衡》，中国文史出版社 2015 年版。

［5］赵赓：《中共"一大"代表　革命长者何叔衡》，《文史春秋》2011 年第 7 期。

［6］刘瑛：《何叔衡："为苏维埃流尽最后一滴血"的一大代表》，《新湘评论》2020 年第 2 期。

① 姜国仁、张生力：《四髯合传》，湖南人民出版社 1984 年版，第 84 页。

王尽美

王尽美从小饱尝生活的艰辛，深感世道不公，抓住难得的求学机会，刻苦求知。在家庭及进步人士的影响下，他关注下层百姓，渴望改变社会状况，初步形成了民主意识和救国救民思想；就读山东省立第一师范期间，他立志“教育救国”；他积极投身五四运动，在李大钊的指引下，作出了信仰马克思主义，走红色革命之路的人生抉择；在艰苦的革命斗争中，他锻炼成长为工人运动的先驱，反帝反封建的坚强战士，为革命事业奋斗不止，鞠躬尽瘁。

艰难求学路

王尽美，原名王瑞俊，又名烬美、烬梅，字灼斋，1898 年 6 月 14 日出生在山东莒县大北杏村一个佃农家庭。大北杏村共 200 多户人家，其中有十几户地主，其余多是佃农，贫富相差悬殊。王尽美的祖籍并不是大北杏村，祖父母从外地逃荒过来，给村中地主“冠山堂”当了佃户，地主家堆放杂物的地方就是王尽美的家。在王尽美出生前四个月，父亲已在贫困交加中离开人世。王尽美的诞生给祖母和母亲带来了一丝生活的希望。祖母和母亲相依为命，租种地主家的几亩薄田，起早贪黑地劳作，忙碌一年打下的粮食大半要交给地主，过年过节时还要到地主家无偿帮工。除了干农活外，祖母还在地主家当佣人，母亲则抽空纺棉纺线，近乎赤贫的生活令王尽美从小就尝尽生活的艰辛。

王尽美故居

山东半岛地处中国东部沿海，与日本隔海相望，甲午战争时，日本侵占了威海卫军港；一战后，又出兵强占了青岛和胶济铁路。王尽美在这极度混乱黑暗的年代度过了自己的童年。

1910年，大北杏村办起了村塾，全村五六十个孩子共同负担学费，因每家分摊的学费不多，王尽美获得了上学的机会。在村塾的两年间，王尽美学习“四书”“五经”等传统儒家经典。

1912年，山东各县推行新学，改良私塾，大北杏村初级小学成立，王尽美进入初级小学四年级学习。由于他品学兼优，为人侠义，在学生中有很高的威信，被学校指定为“大学长”，因家境贫寒，被免去全部学费。艰辛的生活，幼年的启蒙，使王尽美感受到人世间的不平等，改变自己命运的愿望越来越强烈。

1913年，王尽美以优异成绩考入枳沟镇高级小学。王尽美酷爱读书，课堂上的书本已经不能满足他的需求，听说谁手里有新书，就想方设法去借。在枳沟镇学习期间，王尽美不仅学得了一定的文化知识，而且在政治上得到了启蒙。枳沟镇高小的教师王新甫是新派人物，毕业于济南山东法政学堂，在省城接受过一些新思想，倾向革命。随着革命形势的发展，他常在课堂上发表一些激进的言论，给学生讲武昌起义，讲黄花岗七十二烈士的英雄事迹，讲到激动处，往往慷慨激昂、声泪俱下，王尽美常常听得心潮澎湃、热泪盈眶。同时，王新甫还向学生们推荐《革命军》《天演论》《民报》等进步书刊。在他的启发引导下，王尽美渐渐明白了一些革命的道理，越来越关心国家大事，对政治书刊产生了浓厚的兴趣，甚至到了如饥似渴的程度。进步书刊的哺育，革命思想的启蒙，使他胸襟大开，开始关注国家民族的命运，初步有了救国救民的志向。

1915 年小学毕业后，王尽美回家务农，由父母作主，同贤惠、勤劳的李氏结了婚。他主动挑起了家庭的重担。务农期间，王尽美一直没有停止过学习，常到枳沟镇，到进步书刊摊，到有新思想的老师那里，请教学习。这年，新文化运动之风经由《新青年》等媒介，也吹到了王尽美的家乡，其提倡的民主和科学思想，使王尽美眼界大开，他渴望走出闭塞的乡村，去文化发达的大城市求学。

投身五四运动

俄国十月革命爆发后的一段时间，国内报刊所持的态度比较复杂，此时的王尽美对这一震惊世界的大事件也没有明确的认识，但他已感觉到了时代风云的变幻。他渴望了解更多信息，学习更多的知识，恰在这时，省城济南有官费学校可报考。1918 年 4 月，他考入可以免费就读的山东省立第一师范学校。由于贫穷，他赴济南时仅带一块银元，为凑足路费就给一位同考的富家子弟补习功课，还代写了考试所要的文章，结果发榜时，自己是第一名，代写的文章得了第二。

王尽美报考师范的出发点，是试图通过乡村教育，改变社会，拯救国家，走“教育救国”的道路。这在他入校后写的第一篇文章中可以看出，文中写道：“对于师范教育，抱有极大的希望、无穷的信仰”，“希望到师范学校研究教育原理，探讨新教育的目的和方法”，以期“将来能把我四万万同胞的腐败脑筋洗刷净尽，更换上光明纯洁的思想”。[①] 带着这样的理想，王尽美把主要精力倾注在了学习上，成绩优异。

1919 年五四运动爆发，处在斗争最前线的山东人民首先起来响应北京学生的爱国行动，一直忧国忧民的王尽美也激情满怀地投身于这一革命洪流。他被推选为一师北园分校的代表，后被选为山东大专、中学的学生联合会负责人之一。为响应北京学生，5 月 23 日，在济南学生联合会的组织和领导下，济南中等以上 21 所学校学生举行总罢课，并发表了《罢课宣言》，王尽美参与起草了这份宣言。接着，济南中等以上学校学生组织演讲团 50 余个，轮流到城内各街道露天讲演。在这些活动中，王尽美的表现特别突出，他的街头讲演，声情并茂，言辞恳切。之后，王尽美又和学联其他负责人一道，联合各界力量，领导大罢市、抵制日货和断绝日军粮源的斗争。他与其他进步学生一起创办了《山东省立第一师范学校学生周刊》，揭露日本侵略中国的虎狼之心和北京当局丧权辱国的行径，号召各界民众誓死力争，奋起救国。暑假期间，他与几个同学一起回到家乡，当时莒县的爱国学生运动已轰轰烈烈地开展起来。王尽美与家乡进步学生一起，策划了数千人参加的反日救国大会，号召全县学生罢课，商人罢市，齐心抵制日货，并要求当局拒绝在巴黎和约上签字。

1919 年暑假过后，王尽美升入省立第一师范本科第 11 班。他被选为山东大专、中学的学生联合会负责人，逐渐成为山东革命活动的组织

① 王瑞俊：《我对师范教育的根本怀疑》，济南师范学校编：《王尽美遗著与研究文集》，中共党史出版社 2009 年版，第 8 页。

者和带头人。他经常以山东学生会代表的身份到北京大学串联，与北京学生会罗章龙等人频繁接触，并与李大钊等建立了联系；北京大学学生会经常派人去上海和南方，因为济南是火车往来的必经之地，所以常中途在济南停留。每次北京有人来，王尽美就前去与他们会晤，互通情报，交流信息，及时、全面地了解到全国爱国运动的形势，拓宽了视野，提高了思想境界。虽然五四运动轰轰烈烈，但是省立第一师范的教育体制以及方针路线并没有丝毫改变，如何才能实现教育救国呢？王尽美感到很苦恼。

新学期开始不久，针对腐败的教育方针和教学方式，以及省立第一师范限制学生思想、言论、行动自由的清规戒律，王尽美联络校友王志坚、省立一中学生邓恩铭以及育英中学教师王翔千等，在省立第一师范掀起了一次学潮，要求撤换校长，废除腐败的旧教育制度。王尽美写了《罢课乃求学之好机会》一文进行发动，同学们立即响应。省立第一师范本部、二部1000多名学生举行了总罢课，两校都贴满了“废除一成不变的旧教育”、“开放反帝反封建的言论，思想、活动自由”等大字标语。同学们采用开演讲会和朗诵诗歌等形式，揭露旧教育的弊病，宣传新文化新思想，还走出校门举行游行示威，到教育厅请愿。济南各校学生会及省、市学联、社会团体也纷纷声援。这次学潮持续了一个多星期，一师校长被撤换，但新上台的校长仍然维护旧教育制度，这使王尽美认识到教育救国的方案在中国是行不通的。于是，他开始考虑新的问题，探索新的道路，更加热衷于改造社会的革命活动。

经过五四运动的洗礼，马克思主义已在中国进步知识分子中逐渐传播开来。1919年10月，王乐平在济南开办齐鲁通讯社，并附有售书部。售书部后来扩充为齐鲁书社。书社与北京、上海、广州等地的出版界建立了联系，广为推销全国各地出版的新书、新刊物，其中包括《新青年》《每周评论》《晨报》《湘江评论》《觉悟》《俄国革命史》《曙光》

等宣传新文化、宣传马克思主义的书刊。王尽美经常出入齐鲁书社，阅读各种进步书刊，与邓恩铭、王翔千等热血青年一起讨论、交流和探讨，对各种主义和思潮进行比较。1920 年初，李大钊等秘密发起北京大学马克思学说研究会，得知这个消息后，王尽美便立即动身去北大考察取经。在北大“亢慕义斋”，他看到了刚翻译出版的《共产党宣言》和李大钊等人从各个渠道搜集来的各种共产主义理论书刊，如获至宝。王尽美成为北京大学马克思学说研究会发展的第一批通讯会员。从此，他更频繁地来往于北京和济南之间，在与李大钊、邓中夏、罗章龙等人的交往中，政治上和思想上更直接地得到马克思主义的熏陶。

1920 年夏秋之际，王尽美、邓恩铭在齐鲁书社的读书活动中，结识了一批向往共产主义的青年学生，秘密成立了“康米尼斯特学会”。[①]他们以齐鲁书社为基地，大量收集和阅读关于共产主义的书籍和理论。1920 年秋，王尽美、邓恩铭等人又发起成立“励新学会”，出版《励新》半月刊，积极宣传新思想、新文化。学会经常举办报告会、演讲会、研讨会，邀请有名望的进步人士作指导，既保持了康米尼斯特学会的先进性，又扩大了群众基础，吸引了许多进步青年，会员很快发展到二三十人。同年 10 月至 1921 年 1 月，王尽美发表《乡村教育大半如此》《我们对于师范教育根本的怀疑》《山东的师范教育与乡村教育》等文章，对乡村教育和师范教育问题进行了非常深入的思考。他认为要普及乡村教育，使平民都有识字的机会，必先打破贫富阶级悬殊不可。经过五四运动的锤炼和对中国黑暗社会的体察与反思，王尽美在追求真理、寻求国家出路的探索中，打破了教育救国的观念，抛弃了改良主义思想，逐渐接受马克思主义。

① “康米尼斯特学会”：共产主义学会。

尽善尽美唯解放

1920年3月，共产国际派维经斯基、库兹涅佐娃和翻译山东人杨明斋来到中国。4月经李大钊介绍，维经斯基等一行从北京到上海，途经济南时，特地会见了王尽美、邓恩铭、王翔千三人，向他们介绍十月革命、建立苏维埃政权的情况，并了解对中国建立共产党的看法。上海共产党早期组织成立后，陈独秀就函约山东的王乐平，要他在济南建立共产党组织。王乐平是国民党改组派领导人之一，是山东政界和文化界均有影响的人物。虽然他赞成社会主义，却没有共产主义信仰，所以没有接手这项工作，而是推荐了王尽美和邓恩铭。王尽美和邓恩铭在与上海共产党早期组织取得联系后，在济南开始了筹建活动。在此期间，北京共产党早期组织也于这年10月建立，王尽美加紧了与李大钊等人的接触，北京共产党早期组织的成员也到济南来指导。1921年春，经过王尽美、邓恩铭等人的努力，在北京、上海共产党早期组织的帮助下，济南共产党早期组织成立，以济南市全胜街22号旧址为秘密活动地点。

济南共产党早期组织建立后，王尽美的责任更重，工作更多，除了以励新学会作为活动的主要阵地，继续传播马克思主义外，还拿出大部分精力去开展工人运动，促进了马克思主义与工人运动的结合。他是一位出色的鼓动家、宣传家，多才多艺、能说会唱，口才极好，常站在条凳上进行即兴演说，工人们总是被他的言语所打动。他擅长用通俗的语言进行宣传，为工人写的歌谣强调“工人白劳动，厂主吸血虫”；为农民写的歌突出“人穷非穷命，世道太不公”；对军阀军队士兵则宣传“小兵死千万，大官立了功”。[①]写标语也是王尽美的拿手绝活，他能用

① 徐焰:《红色记忆——70位名人的故事》，解放军文艺出版社2003年版，第4页。

一夜的工夫，用炭笔画一幅一米多高的马克思像。他还会演话剧，几乎所有的乐器都能熟练摆弄，深得工人的信任和喜爱。这年6月，王尽美与王荷波等人到济南大槐树机车厂开展工作，深入到工人群众中宣传马克思主义，组织发动工人建立了工人俱乐部，这是山东省第一个具有工会性质的工人组织。之后，他们还开办了“工人夜校”，王尽美经常给工人们上课，启发工人觉悟。王尽美等人还组织了济南劳动周刊社，并与山东省议会副议长张公制磋商，争取到他的同意，于1921年5月1日在他出资办的《大东日报》副刊上创办了《济南劳动周刊》。至中共一大召开前，济南共产党早期组织的成员已发展到八人。

1921年6月，王尽美与邓恩铭接到上海共产党早期组织发出的去上海开会的信函，不久又收到李达汇寄的旅费。正当他俩准备动身南下时，北京共产党早期组织的代表张国焘去上海路过济南，王尽美便约集了济南党组织的成员，在大明湖的游船上与之畅谈了一天，就建党问题交换了意见。之后，他与邓恩铭搭乘火车奔赴上海，参加中国共产党第一次全国代表大会。在李达夫人王会悟的安排下，王尽美住进了先期以“北大暑假旅游团”名义订下的私立博文女校内，毛泽东就在王尽美住处的隔墙。在中共一大会议上，王尽美、邓恩铭汇报了济南共产党早期组织建立的情况和济南的政治形势，还介绍了他们在宣传马克思主义和开展工人运动方面所做的工作。发言时，王尽美态度谦虚、谈话从容大度、性格开朗活泼，给与会代表留下了十分深刻的印象。“耳朵大，长方脸，细高挑，说话沉着大方，很有口才，大家都亲切地叫他‘王大耳’”①，这是毛泽东对王尽美的印象。1961年8月21日，董必武在纪念王尽美的一首诗中赞道：

四十年前会上逢，南湖舟泛语从容。

① 济南师范学校编：《王尽美遗著与研究文集》，中共党史出版社2009年版，第356页。

济南名士知多少，君与恩铭不老松。[①]

中共一大后，王尽美把自己的名字由王瑞俊改为王尽美，并作了一首题为《肇在造化——赠友人》的诗，表达自己为实现共产主义崇高理想而献身革命的信心和决心：

贫富阶级见疆场，尽善尽美唯解放。

潍水泥沙统入海，乔有麓下看沧桑。

中共一大以后，王尽美从上海带回了《共产党宣言》《马克思〈资本论〉入门》等书和一些宣传社会主义、共产主义的小册子，还购置了中共领导的人民出版社出版的《工钱劳动与资本》《列宁传》《俄国革命纪实》《共产党底计划》等一系列马克思主义著作让大家学习。那时，王尽美还是山东省立第一师范的学生，因为经常去工厂、其他学校开展工作，为了不引起学校的怀疑，他常常在夜间翻越学校围墙，时间一久，还是被发现了，于是被学校列为“危险分子”。[②] 1921 年冬，王尽美写了一篇讽刺揭露学监的文章，题为《饭碗问题》，贴在学校的报栏内，最终被学校开除。离开了校园，王尽美住进了王乐平创办的齐鲁书社内，从此开始了他职业革命家的生涯。1922 年 1 月，王尽美出席了在莫斯科召开的远东各国共产党及民族革命团体第一次代表大会，在伊尔库茨克、莫斯科等地，亲眼看到了苏维埃社会主义国家生机勃勃的景象，这让他更坚定了对马克思主义的信仰。

工人运动的先驱

1922 年 5 月，王尽美与邓恩铭在济南成立了中国劳动组合书记部

① 董必武:《董必武诗选》，人民文学出版社 1977 年版，第 147 页。

② 济南师范学校编:《王尽美遗著与研究文集》，中共党史出版社 2009 年版，第 265 页。

1922 年王尽美（左二）、邓恩铭（中间执笔者）在莫斯科出席远东共产党一大。

山东分部，王尽美任主任。王尽美撰写了《中国劳动组合书记部山东支部宣言》，成为指导山东工人运动的纲领性文件。他多次深入济南、青岛、淄博、枣庄等地的工厂矿山号召工人起来斗争，自己解放自己。在王尽美等人领导下，山东各地的产业工人纷纷行动起来，其中最为引人注目的是济南大槐树机车厂和淄博矿区。在济南大槐树机车厂，王尽美等人经过多次宣传发动，于 6 月发起成立了津浦铁路济南大槐树机车厂工会，制定了简章，选出了会长，这是在中共山东党组织领导下建立的第一个基层工会组织。根据王尽美的部署，工会成立后，首先为工人权益展开斗争，向厂方提出了增加工人年薪等合理要求，遭到厂方拒绝。工会立即发动工人组织 1000 多人参加的大罢工。工人们提出了年终分花红、半年增薪一角、成立工人夜校、长工工薪由七元五角增至九元、徒工工薪由六元增至七元五角、工人病伤给治疗不扣工钱等 12 项要求，罢工坚持了七天。其间，工会三次派代表到天津路局请愿，迫使当局答应了年终发双薪、官假（星期日、年假）不扣工钱、每半年加薪一次、病假不扣工钱等大部分条件，部分改善了工人的工作和生活条件。首次罢工的胜利，充分显示了工人阶级团结起来的力量。

同时，王尽美派王用章等到淄博矿区组织发动工人，筹建矿工组织。接着，王尽美也来到淄川指导建立淄川矿区工会组织，经过宣传发动，1922 年 6 月 25 日，淄川、南定、西河一带的煤矿工人代表 250 多人，在洪山镇马家庄机器图算学校院内，召开了矿业工会发起会，宣告山东矿业工会淄博部成立。王尽美在大会上发表了演说，并在会后撰写了《矿业工会淄博部开发起会志盛》，及时报道了大会盛况，淄博地区的工人运动以此为发端，蓬勃地开展起来。同年夏，王尽美还领导了济南理发业工人抵抗理发业卫生执照捐的罢工斗争，通过有理有据的斗争，罢工取得了胜利，使广大工人受到很大鼓舞。

1922 年 7 月，王尽美参加了中国共产党第二次全国代表大会。会后，他同毛泽东、邓中夏等人参与起草制定《劳动法大纲》，成为这一时期中共指导工人运动的纲领。为了提高自己开展工人运动的领导能力，王尽美向中央提出离开山东党的领导岗位，到工人运动的基层一线接受锻炼的请求。8 月，王尽美被调到北京，在中国劳动组合书记部担任副主任，接着去秦皇岛、山海关等地建立中共组织，领导工人运动。在山海关，王尽美化名刘瑞俊，住在老工人李耀东家里，以铁工厂学徒身份为掩护，开展工作。他白天干翻砂活，晚上在俱乐部开办的夜校里进行革命宣传活动，用通俗的语言、生动的事例深入浅出地讲解马克思主义，介绍苏俄工人阶级当家作主的巨大变化。针对工人中存在的帮派和行会思想，耐心开展说服教育工作，号召工人团结一致，对付共同的敌人。经过努力，工人们的革命热情基本被发动起来，王尽美决定带领工人展开斗争，8 月下旬，先开展反总管赵璧的斗争，迫使京奉铁路局答应工人的要求。接着，王尽美着手整顿工人组织，建立秘密党小组，为下一步开展大规模的罢工斗争作准备。

总管赵璧被开除后，新上任的总管找借口将俱乐部委员长佟惠亭开除，俱乐部成员气愤至极，纷纷要求厂方收回成命。王尽美引导工人俱乐部向厂方提出六项经济、政治上的要求，铁路当局不予答复。王尽美便召集露天大会，工人们步伐整齐地来到会场，会场上竖着一面大白旗，上书“劳工神圣”四个字。10月4日，罢工开始，1000余名工人参与罢工，王尽美在《山海关工人宣告罢工真相》中称：“不罢工也要冻死饿死被压迫死，如其受辱死，不若奋斗死。”[①]宣言发出后，全国工人声援，开滦煤矿的三万工人捐助了一日的工资。但罢工时间一长，工人们的困难变大，王尽美反复考虑后，决定卧轨截车，迫使当局答应条件。10月9日，千余名罢工工人有秩序地坐卧在铁轨上，使路经山海关的所有列车全部受阻，交通中断达四个小时，给京奉铁路局以致命一击，10月12日，京奉铁路当局答应了工人的全部要求。

紧接着，王尽美参加领导了秦皇岛、开滦五矿工人总同盟罢工斗争。中国劳动组合书记部派彭礼和做特派员，成立了由罗章龙、王尽美等人参加的开滦五矿工人罢工总指挥部。罢工总指挥部确定以改善工人生活为罢工目标，组织秦皇岛和开滦五矿大罢工。10月23日清晨，大罢工开始。秦皇岛工人们举行了声势浩大的示威游行，游行队伍包围了英国经理的办公大楼。英帝国主义与中国反动派勾结，对开滦罢工进行血腥镇压。11月26日，在唐山的开滦矿工到警察厅门前请愿，2000千多名保安突然对手无寸铁的工人开枪射击，数名工人当场身亡，数十人受伤。

随着罢工斗争的持续，工人们的生活开始发生困难，王尽美以山海关工友俱乐部为据点，组织港口工人同敌人进行巧妙的斗争，在工友俱乐部搭起粥棚，在工人中成立救济组。秦皇岛和开滦五矿大罢工，坚持了20多天。矿务局在工人罢工的压力下妥协，于11月15日贴出告

① 中共诸城县委、山东大学历史系：《王尽美传》，山东人民出版社1981年版，第43页。

示，答复工人们提出的部分条件。总指挥部考虑到工人罢工旷日持久，再坚持下去难度更大，决定复工。秦皇岛、开滦五矿大罢工，给帝国主义和封建军阀政府以沉重的打击，充分显示了中国工人阶级的力量。

不久，中共中央将王尽美调回山东，主持济南党组织的工作。1923年至1924年间，以国共合作为标志的革命统一战线正式建立，王尽美利用国共合作的有利形势，扩大中共的影响，积极开展了工作。他坚定地执行中共三大决议，于1923年10月以个人身份参加国民党，1924年1月参加了在广州举行的国民党一大。回到山东，他为建立和扩大统一战线而四处奔走，曾在济南大明湖历下亭等处，召开国共两党党员的秘密会议，会后用两党的名义散发传单。1924年11月，孙中山发表“北上宣言”，提出召开国民会议的主张，中国共产党坚决支持孙中山的行动，王尽美在山东积极宣传和发起国民会议运动。长期的忘我工作与艰苦生活，使王尽美患上了严重的结核病，第一次发作就大口吐血，被送进了济南商埠的一家日本医院，但他依然抱病奔走于济南、淄博、益都、潍县、青岛等地。他卓有成效的工作，得到了孙中山的赞赏，孙中山以个人名义委任王尽美等人为特派员。王尽美即去青岛与邓恩铭取得联系，与国民党左派鲁佛民（后参加共产党）多次接触，又与青岛各界人士频繁交往。经过王尽美的不懈努力，青岛地区的国民会议运动迅速开展起来。1925年3月，王尽美赴北京参加国民会议促成会全国代表大会。回到山东后，他仍忘我地工作，参加了济南地委和青岛中共组织领导的日商纱厂工人联合大罢工，青岛工人坚持罢工22天，最终迫使日本厂主答应了工人提出的九项条件。在领导、组织这次罢工中，王尽美病情越发严重，大家劝他住院治疗，当时住院花费很大，他认为党的经费十分有限，婉言谢绝了大家的请求。同年6月，他回家乡养病，党组织定时送去生活及医疗费用，但当时的医疗水平不高，人们对肺结核毫无办法，他的病一天天加重。7月，家人变卖了家里全部的东西，怀着一线希望送王尽美进青岛医院救治，不久病情恶化。临终前，他向中共青岛组织负责人口述了遗嘱：全体同志要好好工作，为无产阶级和全人类的解放和共产主义的彻底实现而奋斗到底！1925年8月19日，王尽美匆匆走完了自己短暂的一生，他以自己璀璨的青春为自己的人生选择画上了壮丽的句号。

参考文献：

[1] 王瑞俊：《我对于师范教育根本的怀疑》，《泺源新刊》第10—12号1920年11月2日、5日、9日。

[2] 济南师范学校编：《王尽美遗著与研究文集》，中共党史出版社2009年版。

[3] 中华全国铁路总工会编：《革命战士集》，1926年版。

[4] 李海涛编著：《王尽美》，青岛出版社2009年版。

[5] 臧运祜：《王尽美精神与红船精神——兼论第一代中国共产党人的初心》，《嘉兴学院学报》2019年第4期。

[6] 张玉菡：《壮丽璀璨的青春岁月——中共一大代表王尽美》，《炎黄春秋》2018年第4期。

邓恩铭

家乡的生活和教育、水族英雄的事迹孕育了邓恩铭的爱国主义思想；为实现自己的人生抱负，16岁的他到山东投奔叔父，从此与革命结缘；经过五四运动的洗礼，他把信仰马克思主义、实现共产主义作为自己的人生抉择。参加中共一大，表明他的革命思想已经成熟；十多年的革命生涯，他为马克思主义的传播，为中国共产党的创立，为中国革命事业献出了自己的一切。

南雁北飞志在苍生

邓恩铭，又名邓恩明，字仲尧，曾用名黄伯云，1901年1月5日出生在贵州荔波县水堡寨一个水族农民家庭。姊妹兄弟六人，在兄弟中居长，且聪明伶俐，深得祖父母喜爱，被呼之为“老乖”。邓家祖孙三代八口人总共只三间草房，两亩半水田，常年产谷八九挑（每挑约100斤），难以维持全家生活。邓恩铭四岁时，为躲避匪患，邓家搬去荔波县城，与人合伙开了“双合号”小铺，经营中草药，兼营糖果等杂货以维持生计。

水族是一个喜爱歌唱的民族，他们即景生情，遇事而歌，随编随唱，所以有“水家的山歌唱不完，夜连夜来天连天”之说。祖母韦氏出生在水族聚居的三洞，是一位唱水歌、讲故事十分出色的水家歌手，常常教邓恩铭唱山歌。就这样，在祖母的歌谣声中长大的邓恩铭，自小就会吟唱“砍柴一刀刀，担水一挑挑。谁知一餐饭，多少眼泪抛！”等动听的歌谣。清代咸丰、同治年间，在贵州三都一带，有一个叫潘新简的人，他领导水族人民起义，并与各族农民军互相配合转战于黔东南一带，坚持斗争十多年，曾攻破荔波县城，杀贪官污吏，被当地人民称为“简大王”。潘新简成了邓恩铭儿时崇拜的偶像。后来他作了一首题为《潘简王》的诗：

潘王新简应该称，水有源头树有根。
总为清廷政腐败，英雄起义救民生。

水族的歌谣培养了邓恩铭爱憎分明，同情劳苦大众，崇拜英雄的朴素情感。他在 15 岁时就写下了这样的歌谣：

种田之人吃不饱，纺纱之人穿不好，
坐轿之人唱高调，抬轿之人满地跑。

父亲饱尝生活的艰辛，对聪慧的长子邓恩铭寄予无限的期望，节衣缩食想方设法让他读书。在他六岁时，父亲请当地著名学者、清末秀才蒙旦初给邓恩铭开蒙，1907 年又送他进私塾。邓恩铭在私塾里系统地学习了《三字经》《百家姓》以及“四书”“五经”等儒家传统思想。1911 年，邓恩铭进了荔波县立初等小学开始学习新学，两年后，又到县立两级小学高级部①继续学习。“万般皆下品，唯有读书高”的古训激励着邓恩铭勤奋学习，他在荔波县城的学习成绩一直名列前茅。

邓恩铭读小学期间，正是辛亥革命后，中国社会风云激荡，新旧思想交互裂变的年代，资产阶级民主共和的思想，也在偏僻的荔波县悄然传播开来。高煌、高梓仲等几位思想进步的教师就是这些新思想的信仰者和传播者。邓恩铭是老师家的常客，从老师那里学诗、学画、学镶嵌手艺，他们的思想、人品、学识对邓恩铭一生都产生了重要影响。

① 原为荔泉书院，又名桂花书院。

1915年，袁世凯与日本签订出卖中国主权的“二十一条”，激起了全国各界民众强大的反抗浪潮，在荔波，邓恩铭积极投入反日讨袁的爱国运动。他和同学们一起拿着三角旗逐街逐巷宣传，一次演讲时，将自己穿的日产袜子当众烧毁，以表达抵制日货的决心。反日讨袁是邓恩铭第一次参加的政治运动，对他影响很大，“天下兴亡、匹夫有责”的种子，在他心中萌芽。

高小快毕业时，邓恩铭已初步萌生了忧国忧民、反帝反封建的民主思想，立志走“读书救国”“科学救国”的道路。但是家里生活日益艰难，已经无钱供他继续上学。邓恩铭有个远房二叔叫黄泽沛，又名邓国瑾，民国初年曾在山东做过益都、沂水、淄川、莒县的县知事。为了求得上学机会，实现自己的人生抱负，邓恩铭给黄泽沛写了一封情真意切的信，表达了自己想继续求学的强烈愿望，请求予以资助，黄泽沛回信表示支持，这封回信改变了他的人生轨迹。

1917年7月，年仅16岁的邓恩铭告别家乡，随婶母一起去山东继续求学。他以《前途》为题赋诗，表达自己当时的心情：

赤日炎炎辞荔城，前途茫茫事无分。

男儿立下钢铁志，国计民生焕然新。

按照荔波当地习俗，出远门要祭告祖宗，辞别亲友，面对亲友的期待和依依不舍之情，邓恩铭再赋诗一首《述志》：

南雁北飞，去不思归。

志在苍生，不顾安危。

生不足惜，死不足悲。

头颅热血，不朽永垂。

这首明志诗清楚地表明年少的邓恩铭已有极不平凡的抱负和志向。他选择“南雁北飞”这条路，不单纯为自己求学，飞黄腾达、光宗耀祖，而是“志在苍生”，实现“国计民生焕然新”，即是为了天下百姓，改造社会。这个志向一旦确立，将“去不思归”，“生不足惜，死不足悲”。

投身反帝洪流

在山东，邓恩铭十分珍惜来之不易的求学机会，发愤读书，经过一年的刻苦学习和备考，考入位于济南的山东省立第一中学，这是他人生的一个新的起点。在那里，他读书用功刻苦，接触到大量的先进思想，视野开阔了很多。

此时，山东正处于北洋军阀的统治之下，社会越来越混乱，人民生活在水深火热之中，列强对山东的侵略和掠夺不断加剧。在济南生活，邓恩铭耳闻目睹了日本帝国主义者耀武扬威、飞扬跋扈的行径，开始怀疑自己读书救国的初衷。在他迷茫徘徊的时刻，《新青年》杂志在省立一中受到热捧，民主和科学的新思想在学校广泛传播，《北京大学日刊》也是他经常阅读的刊物。他如饥似渴地阅读各种介绍新思潮的报刊，常常把自己学到的东西讲给同学们听，与同学一块讨论。济南各校的学生还开设了“国耻课”，介绍自鸦片战争以来的耻辱史。巴黎和会中国外交失败的消息传来，邓恩铭加入了“山东外交后援会”，积极参加活动，揭露日本帝国主义的侵略暴行。

五四运动爆发，邓恩铭心潮澎湃，热血沸腾，立即投身于这场伟大的反帝爱国运动。他被省立一中的同学们推选为学生自治会的负责人并兼任出版部部长，主编省立一中校报，担负起运动的领导责任。5月7日，山东学生联合会成立，邓恩铭率领省立一中学生参加了国耻纪念大会。5月10日，邓恩铭等带领省立一中的学生，会同济南城内外20所中等以上学校学生，不顾督军、省长的禁令，冲破军警的阻拦，汇集到省议会举行学生联合大会。会场内聚集着万余名情绪激愤的学生，许多学生胸前佩着三角式长方白布，上书“驱除蠹贼”“还我山东”“良心爱国”“力争青岛”等字样，邓恩铭等在大会上发表演说。5月23日，邓恩铭根据济南学生联合会的决议，组织省立一中学生参加济南中等以上学校学生总罢课。他还时常召集会议、发表讲演，组织游行示威、散发传单、抵制日货等活动。

6月上旬，济南学生和工商界人士决定从10日起罢市，但受到当局的阻挠，军警包围了各校，严禁学生出门。邓恩铭率领省立一中学生，首先冲破军警的封锁，结队向日本人集中的商埠进发，一路高呼口号，群情激昂，赢得了民众的广泛同情和支持。运动期间，济南多数报纸对学生爱国运动给予鼓励和支持，惟有安福系的《昌言报》横加指责，对女师学生上街卖国货冷嘲热讽，而且公然发文要求省府镇压学生运动。7月21日，济南各界召开联合救国大会，邓恩铭、王尽美等带着愤怒的人们，包围捣毁了《昌言报》馆，并将该报经理、主编、法律顾问等绑缚游街示众。邓恩铭在斗争中结识了省立第一师范的王尽美，两人一见如故，结成了革命战友。

在五四运动中，邓恩铭看到了群众的伟大力量，对原来“读书救国”的思想进行了反思，开始认识到仅仅读书有知识还不足以救国，发动组织群众向帝国主义、封建军阀进行坚决斗争，才是救国的唯一途径。五四运动后，出现了介绍俄国十月革命、宣传马克思主义的热潮，传播新思想的社团刊物如雨后春笋般地在全国各地创办。邓恩铭如饥似渴地阅读了宣传马克思主义及民主、自由思想的《俄国革命史》《辩证法》《共产党宣言》《资本论入门》《社会科学大纲》等进步书籍，逐步了解马克思主义的阶级斗争学说，并能运用这些观点来观察、分析中国的社会现象。他从俄国在马克思主义指导下，在列宁和布尔什维克党的领导下，推翻了沙皇，抵御了帝国主义的联合进攻，建立起第一个社会主义国家的现实中，想到马克思主义既然能在俄国取得胜利，那么也一定能够指导中国的革命，从而坚定地作出自己的人生抉择，走上以马克思主义救中国的革命道路。

中共一大少数民族代表

1920 年夏，上海共产党早期组织成立后，陈独秀函约齐鲁书社社长王乐平组建济南共产党早期组织，王乐平推荐了王尽美、邓恩铭与上海共产党早期组织联系筹建济南党组织。五四运动以后，邓恩铭与王尽美等进步知识分子经常在一起学习研究马克思主义，在齐鲁书社聚集了一批向往共产主义的青年。同年秋，他们尽力收集和研究共产主义书籍和理论，成立了山东最早的学习研究马克思主义的秘密团体“康米尼斯特学会”，邓恩铭和王尽美在学会中发挥了重要作用。同年 11 月，邓恩铭与王尽美等人又创建了“励新学会”，创办了《励新》半月刊，这是当时中国传播马克思主义热潮中影响较大的学术团体和刊物之一，邓恩铭是《励新》学刊的主要撰稿人。同时，他还负责编辑出版省立一中学生会刊《灾民号》，先后发表了《济南女校的概况》《改造社会的批评》《灾民的我见》等文章。

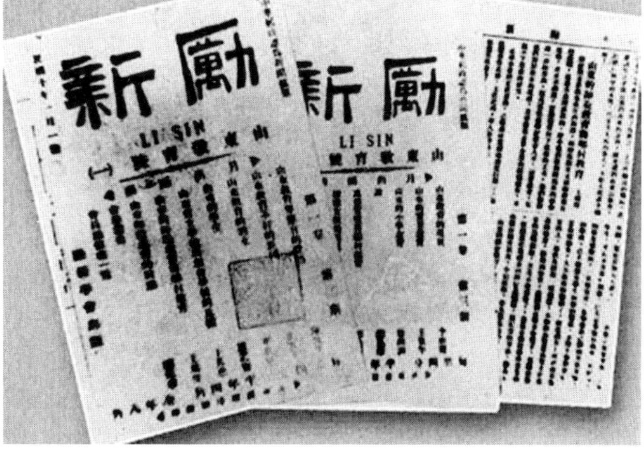

《励新》半月刊

在《灾民的我见》一文中，邓恩铭探索了社会不平等的根源，他说："为什么有灾民？我们对于灾民应当怎么样？怎么样赈救法？光赈救目前吗？还是赈救将来呢？灾民的觉悟？……按社会学说起来，人人都是有衣穿，有饭吃才对。为什么大大的不然？富的富得不得了，穷的穷得不得了，这是什么缘故呢？……就是因为一般军阀、官僚、政客、资本家，横征暴敛、穷奢极欲才有灾民"。在文章中，他从三个方面提出解决灾民问题的方法和措施："（甲）团体方面的：（一）组织农团（二）设立农事改良所（三）设立乡村银行（四）设立乡村医院（乙）个人方面的：（一）尊重自己的人格（二）求农业上的知识（三）要存一个国家观念（四）打破部落的思想（丙）事实方面的：（一）不缴纳不正当的税（二）不当野心军阀派的兵"。[①] 可见，还是中学生的邓恩铭对于社会改造已经不是停留在口头，而是要采取行动了。《改造社会的批评》一文，邓恩铭十分强调调查研究，理论联系实际，认为"我们研究一种学说，必定要拿来与我们的比较，究竟不同之点在哪里，然后取长补短，才不至于徒劳无功……所以现在我们一般高唱改造社会的，总要多多注意实际上才好"。[②]

1921 年春，在北京、上海共产党早期组织的影响和帮助下，邓恩铭参与发起成立了济南共产党早期组织。之后，他积极组织励新学会会员和进步青年，深入到济南产业工人相对集中的工厂活动，进行调查研究，传播革命思想，还吸收了少数工人参加励新学会。同年 7 月，在共产国际代表的帮助下，中国共产党第一次全国代表大会在上海召开。邓恩铭、王尽美作为济南共产党早期组织的代表较早到达上海。这是邓恩铭第一次到上海，第一次参加全国性的活动，也是代表中唯一的少数民

① 邓恩铭：《灾民的我见》，中共一大会址纪念馆编：《中共一大代表早期文稿选编 1917.11—1923.7》（下），上海人民出版社 2011 年版，第 1059—1060 页。
② 柏文熙、黄长和：《邓恩铭遗作选》，贵州人民出版社 1990 年版，第 81 页。

族代表。在等待开会的时日，邓恩铭足不出门，阅读大会发起组准备的有关资料和代表们带来的各种书刊。张国焘后来在《我的回忆》中谈到邓恩铭和王尽美时这样写道：“他们来到上海以后，仍本着学习的精神贪婪地阅读有关书刊。”① 当时，邓恩铭还是个 20 岁的中学生，非常活泼，还拜访其他代表，热情与他们交谈，向他们求教工作和学习经验，给与会代表留下了比较深刻的印象。陈潭秋 1936 年写的《中共第一次大会的回忆》中提道：“山东济南的代表王尽美和邓恩铭。那时王、邓两人是非常活泼的青年。”在会上，邓恩铭、王尽美代表济南共产党早期组织向大会汇报了济南党组织组建的过程，并就目前的形势和任务阐述了自己的观点。会议结束后，邓恩铭和王尽美带着在上海得到的《共产党宣言》《马克思主义浅说》《工钱劳动和价值》等马克思主义经典书籍回到济南，认真研读并广泛宣传。

1922 年 1 月，邓恩铭作为中共山东的代表出席了共产国际在莫斯科召开的远东各国共产党和民族革命团体第一次代表大会，并受到了列宁的亲切接见。其间，邓恩铭参观了苏俄的一些地方，参加了“共产主义星期六义务劳动”，苏俄建设社会主义国家的新气象给邓恩铭以极大的影响，促使他完全接受和支持苏俄的共产主义道路。

山东工人运动的组织者

回国以后，邓恩铭的主要精力都放在了发动和领导工人运动。淄博煤矿是山东最大的煤矿，日本帝国主义的势力牢牢控制着淄川矿区，邓恩铭不辞劳苦，深入矿区和附近的农村，了解矿工的家庭生活。他风尘仆仆，往来奔波，在百里矿区数万名工人中间开展工作。他苦口婆心

① 张国焘：《我的回忆》（第 1 册），现代史料编刊社 1989 年版，第 135 页。

地教育工人团结起来，与帝国主义者和资本家进行斗争，一遍遍地给工人讲解“一根筷子容易断，一把筷子不易折”的道理。功夫不负有心人，邓恩铭的工作终于见到成效，逐渐成了工人的贴心人，工人们渐渐亲近他，肯讲掏心窝的话，愿意围绕在他的身边，倾听那前所未闻的革命道理。接着，工会淄博部、学社、研究社等组织相继成立，同时中共洪山矿区支部也成立了。从此，矿区工人有了严密的、统一的领导机关，工人运动轰轰烈烈地开展起来。

邓恩铭在淄川矿区打开局面后，立刻又奉命去青岛开展工作。在朋友的帮助下，他寄居在胶澳商埠公立职业学校，并谋得《胶澳日报》副刊编辑一职，以此为掩护在青岛开展建党建团的工作。他经常深入四方机车厂、纺织厂、火柴厂，举办演说会，讲解革命形势，鼓动革命；发行《向导》《新青年》，宣传马克思主义。他还组织各厂工人办夜校，亲自上台讲课，培训工人斗争骨干。尽管环境恶劣，但他对工作充满乐观情绪和必胜信心。在一封党内通信中他写道：“青岛好象一片干净的腴土，随时可以种植，故我到此后，即作种植计划。”[①] 在斗争中他很注意培养积极分子，吸收他们入党、入团。1923 年 11 月，中国社会主义青年团青岛支部建立，邓恩铭任支部书记。1924 年 5 月，青岛第一个党组织——中共青岛组成立，邓恩铭任组长。党团组织的建立，为在青岛开展工人运动创造了条件。在领导工人运动中，邓恩铭十分注意从实际出发制定斗争策略。1924 年，四方机车厂爆发工潮，反动当局欲破坏刚刚成立的工会组织。若发动工人继续斗争则会引起警厅注意，年轻的工会组织有被敌方破坏的危险。为了保存革命力量，等待有利时

① 《邓恩铭关于青岛工运工作的问题致刘仁静的信》，山东省档案馆、山东社会科学院历史研究所合编：《山东革命历史档案资料选编》（第 1 辑 1923—1928），山东人民出版社 1981 年版，第 4 页。

机，邓恩铭提出了“俟实力充足再说”[①]，暂不进攻的正确斗争策略。到1925年春，仅四方机车厂秘密加入工会的工人就达800多人，占该厂工人总数的60%以上。通过他艰苦的工作，党的队伍不断壮大。同年2月，中共青岛支部建立，邓恩铭任书记。1925年2月8日，胶济铁路工人利用铁路管理当局内讧，实行全路大罢工。邓恩铭去四方机车厂召开干部会议，了解情况，对机厂罢工斗争作了精心安排。他成立了罢工委员会负责协调指挥，还建立了纠察队和宣传队。次日清晨，工人都按时到厂，机器却都没有开动，经过九天的罢工斗争，厂方最终同意了工人的大部分要求。邓恩铭认为斗争不是一次就可以解决问题的，只要达到60%的条件就是胜利，就能鼓舞工人的斗志，于是决定第二天复工。斗争胜利后，四方机车厂1400多人全部加入了工会。在罢工高潮中，胶济铁路总工会于3月公开宣告成立。1930年，邓中夏在《中国职工运动简史》中，对胶济铁路大罢工和胶济铁路总工会作了高度评价。指出，二七大罢工失败后，“有一新生势力为‘二·七’时所没有的，就是异军突起的胶济路工会。该会在中国工人阶级大受打击之后，居然能起来组织工会，会员发展到一千五百余人，不能不算是难能可贵！”

日本取代德国占领青岛后，纺织业是日本重点发展的一个行业，因而青岛纺织工人人数增长很快。日资纱厂的工人劳动时间长、待遇极低，生活极端困苦，反抗情绪在不断积压，邓恩铭于是在日资纱厂工人中走访、谈心和作宣传鼓动。1925年4月，青岛六家日资纱厂工人举行了第一次同盟罢工。罢工首先从大康纱厂开始，邓恩铭亲自主持起草了《青岛大康纱厂全体工人泣告书》，诉说工人的悲惨状况，揭露日本厂主的野蛮行径，呼吁各界对罢工予以援助，同时公开宣布成立工会。

① 《邓恩铭关于四方工潮事件致刘仁静的信》，山东省档案馆、山东社会科学院历史研究所合编：《山东革命历史档案资料选编》（第1辑1923—1928），山东人民出版社1981年版，第13页。

4月19日，工人罢工斗争正式开始，21日，5000余名工人沿四方主要街道游行示威。在罢工斗争中，邓恩铭与工会领导仔细分析斗争形势，决定发动日资纱厂工人同盟罢工，以支持大康纱厂，同时呼吁各界支持，募集资金救济工人。5月4日，正在主持罢工工人领导会议的邓恩铭突遭当局逮捕，由于害怕工人阶级的力量，关押一周后，将其逐出青岛。日资纱厂工人罢工坚持了20多天，取得了部分胜利，工人受到很大鼓舞。

但是日本资本家不履行复工协议条款，要求取消工会。当局逮捕了几十名工会骨干，并捕走一批学生，白色恐怖笼罩青岛。邓恩铭却在这时悄然潜回青岛，全然不顾面临的危险，凭着他日益丰富的斗争经验，在工人群众的掩护下，积极开展工作，组织第二次大罢工。在这次罢工中，邓恩铭一方面发挥胶济铁路总工会和四方机车厂工人的作用，组织了声势浩大的示威游行，支援青岛工人的反帝爱国运动；另一方面，广泛发动各阶层民众起来进行斗争，成立了青岛各界联合会，建立起广泛的统一战线。第二次大罢工虽遭镇压，但得到了青岛社会各界的同情和支持。

邓恩铭为开展青岛工人运动，可谓历尽艰辛。当时，青岛物价昂贵，党的经费又少，还不能按时寄来。他过着极艰苦的生活，有时不得不向中央告急，“我经济极窘，款速汇来”[①]，因为其他党团员均有固定职业，不便自由活动，所以，许多事都需邓恩铭亲自跑。青岛地狭长，坡路多，邓恩铭不停地奔波，感到劳顿不堪。1924年3月18日，他在给刘仁静的信中说：“青岛自始至终依然是我一人在各方面跑，偌大一个地方，我的力量如何能面面周到？因为想是我，做仍然是我，所以请你们特别注意一下经济，如青能每月增加些生活费，多养活一二人，保

① 《邓恩铭致仲澥信》，中共青岛市委党史资料征委会办公室、青岛市档案馆编：《青岛党史资料》（第1辑），青岛市出版局1987年版，第33页。

管工作加速进步。”[①] 但邓恩铭没有在危险与困难面前退缩，而是勇敢地挑起了这副重担，这就是他作为一名共产党员坚定理想信念，不辞辛劳，把革命利益看得高于一切的真实写照。

青岛工人运动蓬勃开展，影响日益扩大，邓恩铭也越来越受到反动派的注意。11 月 7 日清晨，邓恩铭与省地执委几名委员在济南机关处开会时，被突然闯进的警察逮捕，关进监狱。邓恩铭身体本来就很虚弱，加之在狱中遭受折磨，患了淋巴结核，病情日渐恶化，山东党组织通过各种渠道，千方百计开展营救。当时，警方虽然抓了邓恩铭，却不知道他的真实身份，经过多方努力，邓恩铭终于以“保外就医”出狱。出狱后，邓恩铭还住在叔父家。黄泽沛发现他参加革命活动，既惊又怕，极力阻挠，要他安分守己，上学求取功名，得到的却是委婉而坚决的拒绝。父母本希望儿子饱读之后能光宗耀祖，至少能够在经济上接济家庭，所以屡屡来函要求邓恩铭接济和回家完婚。可是，为了革命事业的邓恩铭，既身无分文又无暇回乡。他在一封给父亲的信中说：儿生性与人不同，最憎恶的是名利，故有负双亲之期望，但所志既如此，亦无可如何。1926 年 6 月，病愈后的邓恩铭再次秘密回到青岛，在极为困难的情况下迅速恢复了青岛的党组织。

用生命践行誓言

1927 年 4 月，邓恩铭南下武汉，出席了中共五大。在武汉，他应毛泽东之邀，到中央农民运动讲习所讲课，详细介绍了山东地区工人运动和农民运动的情况，还担任了战区农运委员会委员。8 月，邓恩铭接任了中共山东省委书记。那段日子，正是蒋介石、汪精卫相继背叛革

---

① 《邓恩铭关于青岛工运工作等问题致刘仁静的信》，中共青岛市委党史资料征委会办公室、青岛市档案馆编：《青岛党史资料》（第 1 辑），青岛市出版局 1987 年，第 44 页。

命，大革命遭到失败，党的事业跌入低谷，邓恩铭在山东坚定地执行中共八七会议决议，制定了领导农民夺取军警武装，在暴动中没收地主土地，一切归工农兵的斗争策略。他积极领导党员和革命群众，同反动派的血腥镇压作顽强的斗争。由于受瞿秋白“左”倾盲动错误牵连，1928年2月，邓恩铭被撤销了省委书记的职务，不久被派回青岛担任中共青岛市委书记。此时，邓恩铭不仅要经受艰苦卓绝的革命斗争的考验，而且要经受复杂的党内思想路线斗争的考验。在党内外各种严重挫折面前，邓恩铭始终坚定信念，兢兢业业地为党工作。同年夏天，他又调回省委，被派往淄博张店矿区开展工作。12月回济南，同省委研究工作。由于叛徒王复元、王用章兄弟俩的出卖，省委机关遭到破坏。党的秘密工作联络员要邓恩铭马上与自己一块离开，不能迟于第二天清晨。为保护和安置济南的大批革命力量，邓恩铭却选择留下，不幸于1929年1月9日被捕，与他同时被捕的有十余人。

当时，济南被日军占领，日伪警察厅对共产党人的审讯十分简单，邓恩铭以“黄伯云”的化名骗过了敌人。在监狱，邓恩铭主动担负起领导狱中斗争的重任，团结狱友，组织成立狱中党支部，有组织、有计划地与监狱当局作斗争。狱友们要求取掉脚镣，改善生活条件和享受读书阅报的权利。1929年4月8日，国民党从日本人手中接管济南。邓恩铭等人决定利用日军和国民党政府交接的机会，寻找可乘之机，组织越狱，因为准备不充分，第一次越狱只逃走一人。邓恩铭等被转押到济南山东省立第一监狱。第二次越狱进行了周密准备，成立了由邓恩铭等五人组成的指挥机构，分三个小组实施越狱。在邓恩铭的指挥下，难友们有计划地控制了两道大门，同敌人展开激烈搏斗，伺机冲上大街，分路疏散。由于邓恩铭受刑过重，又患病体弱，被狱友背着冲出囚室。因大部分狱友身体孱弱，穿戴又与众不同，邓恩铭等十余人又被敌人捕回。这次越狱，震惊了国民党当局，看守长因“渎职”被枪决，从此，监狱加强了看守，越狱已没有可能。在狱中，虽然经历了多次审讯，但狱方只知道邓恩铭是“黄伯云”，并不知道其真实身份。1930 年 10 月，山东国民党元老张苇村任审判长，第一次国共合作时，他同邓恩铭十分熟悉。当张苇村知道狱中有一个叫“黄伯云”的人时，他立刻就意识到此人可能就是大名鼎鼎的邓恩铭，于是命令提审黄伯云。在审讯室里，张苇村直呼“邓恩铭”。邓恩铭昂首道：“是，我就是中国共产党党员邓恩铭！”1931 年 4 月 5 日清晨 6 时，这一天刚好是清明节，邓恩铭等 22 名共产党员在济南纬八路刑场英勇就义。就义前，邓恩铭给母亲写的最后一封家书，留下了这首诗：

卅一年华转瞬间，壮志未酬奈何天。

不惜唯我身先死，后继频频慰九泉。

邓恩铭一生短暂却光荣伟大，他为中国的无产阶级革命事业谱写了一曲灿烂的青春之歌，彰显了一位优秀共产党员志在苍生的赤子之心，他的事迹将为后人永远缅怀。

参考资料：

［1］黔南布依族苗族自治州《概况》编写组:《历史部分 邓恩铭烈士专集》(总第 13 集)，1983 年版。

［2］王景鲁:《回忆励新学会》,《山东党史资料》1982 年第 2 期。

［3］柏文熙、黄长河:《邓恩铭遗作选》，贵州人民出版社 1990 年版。

［4］中共青岛市委党史研究室:《邓恩铭烈士专集》，青岛出版社 2006 年版。

［5］《邓恩铭文集》,《中国共产党先驱领袖文库》，人民出版社 2013 年版。

［6］张业赏编著:《邓恩铭》，中共党史出版社 2005 年版。

身离心仪　初心未改

中共一大代表中，李达、李汉俊早年留学日本，学习理工科，本来可以依靠所学找个稳稳当当的职业，过上安稳优渥的生活。但他们却为马克思主义的信仰，走上了无产阶级革命的道路。这样的人生抉择，使他们成为中共最早的党员，传播马克思主义的先驱者，一大会议的筹备人。中共一大以后，因不满陈独秀家长制作风等主客观原因，二人先后脱党。对此，李达后来承认是犯了一生中“最大的错误”。脱党后，二人仍坚守马克思主义信仰，继续为党工作。1927年12月，李汉俊因保护同志被桂系军阀杀害。李达于1949年重新入党。

李达

面对深重的民族危机，李达在教育救国和实业救国理想相继碰壁之后，不断寻找救国救民的真理和道路，认定只有用马克思主义理论指导建立的社会主义社会才能救中国，遂作出放弃理工科，信仰马克思主义，投身无产阶级革命事业的重大人生抉择。1923年夏，由于在党的有关政策问题上与陈独秀发生激烈争执，李达中断了与陈独秀主持的中共中央的联系。他虽然从组织上离开了党，但思想上一直没有脱离马克思主义。他继续投身于党领导的革命事业，一直坚持从事马克思主义理论研究和宣传教育，为中国革命的胜利和新中国的诞生作出了贡献。

农家异才辗转求学

李达，名庭芳，字永锡，号鹤鸣，1890年10月2日出生在湖南零陵县蔡家埠灌塘口村一个佃农家庭。灌塘口村地处湘南边界，背靠湘水，村里只有几十户人家。祖父李光亮，靠着几亩薄田，艰难地养育两男两女四个孩子。父亲李辅仁憨厚秉直，读过几年书，也教过蒙馆，干过银匠，做过小生意，但还是没能逃脱破产的厄运，只得回老家依靠租种地主的田地艰难维生。母亲胡氏每天黎明即起，干完家务，就同男子一样下地干活，晚上还要纺织，干针线活。

六岁时，李达在本乡邻近的阳甸村唐家祠堂，拜唐花圃为师。李达记忆力特强，《幼学》《千字文》之类的启蒙书，他只要坐下来读上几遍，就能一字不差地背出来。七岁时，又拜胡燮卿为师。胡先生是前清秀才，见李达自幼聪慧，便认李达为干儿子，免收他的学费，还食宿全包。李达就一直跟在干爹身边就读，读书听讲专心认真、作业一丝不苟，爱独立思考，读过的书，注释和眉批会写得密密麻麻。他不满足于老师指定的课文，还大量阅读如《三国演义》《水浒传》等古典小说。他文理皆好，对数学和自然常识课表现出浓厚的兴趣。

1905年春，15岁的李达去永州府报考湘南八县著名学府永州中学，结果，数学考了满分，八股文却考得不是很好。李达的名字被排在被录取者的最后一名，并获得公费待遇。进校后，李达刻苦学习，花力气攻读古文，到第一学期结束时，李达各门功课的综合成绩已跃居年级第一名，以后每学期都如此。李达的读书目标原本是为个人的“功名富贵”，一年之后，他的视野大为开阔，开始关心国家大事，知道了“八国联军”和《辛丑条约》，知道了清政府腐败无能。尤其是梁启超的文章对李达产生很大的影响，从而萌发“国家兴亡，匹夫有责”的爱国心。在永州中学，李达受徐特立为“辰州教案”断指血书爱国行动的影响，积极参加学校组织的焚烧日货，操练军事的爱国行动。

1909 年李达中学毕业，就业无门，决定继续求学，打算报考官费的师范学校。这年秋，李达赴京赶考，经由汉口坐船到上海，辗转天津，抵达北京，一路上到处是外国的兵舰、租界、军警、教堂，让他深感殖民地的屈辱。抱着学好科学知识、振兴祖国的志向，他考入京师优级师范学堂，师范生的膳宿、书籍、制服均可官费。在这所学校读书的两年，他感到校方官僚腐败，观念守旧，凡认为不守规则就要惩罚，革命思想没有人传播，有关新学说的书籍也很难看到。倒是报纸上时常登载革命党人的消息，如黄花岗七十二烈士殉难，四川保路运动等。李达认为，中国之所以贫穷落后就是因为知识不发达，只有通过发展教育事业，才能普及科学知识，唤起人民的觉悟，实现国强民富，于是他萌生了教育救国的理想。

1911 年 10 月，武昌起义取得胜利，以孙中山为首的资产阶级推翻了腐朽没落的清王朝，主张“实业救国”，兴办中国人自己的工厂。李达备受鼓舞，认为“实业救国”是改变中国贫穷落后、被侵略现状的出路，于是决定改学实业。但实业救国的道路并不顺畅。1912 年秋，京师优级师范学校暂时停办，李达回到湖南，先在一所中学任教谋生，然后进入湖南工业专门学校，因为食宿费无着落，又转入湖南优级师范读书。

从爱国主义者到马克思主义者

1913 年，李达报考湖南留日官费生，以第二名的成绩考入东京高等师范理工科专业，走上“实业救国”“科学救国”的道路。留学第一年，李达集中精力学习日语、英语、德语，因用功过度，患上肺病，于次年辍学回国养病。在养病的三年中，李达在老家与人合伙开了家药店，做了三年药商，兼顾养病。1917 年春，李达再度去日本，这次考入日本第一高等学校（后改为东京帝国大学），学理科。第一高等学校是日本最好的学校，也是日本五所国立学校之一，按当时中国政府的规定，考入五所国立学校的中国学生都算官费生。生活费有了着落，李达又发奋忘我地学习起来，每天学习 12 至 13 小时，但是实业救国的希望很快就破灭了。在日读书期间，他亲身感受到中国人民在日本军国主义凌辱下的痛苦。1915 年，日本政府向袁世凯政府提出灭亡中国的“二十一条”，袁世凯为取得日本的支持，除个别条款外全部接受。李达与留日中国学生闻讯后，群情激愤，开展了“反日救亡”运动，开大会，发通电，集会抗议，他们的爱国活动遭到日本当局的破坏和镇压。看到亡国的危险迫在眉睫，李达后来回忆，“就像在漫漫长夜里摸索道路的行人一样，眼前是黑暗的，内心是极端苦闷的”[①]。“科学救国”的愿望成为泡影，怎样才能拯救中国呢？

1917 年俄国十月革命取得胜利，推翻了资产阶级临时政府，建立了劳农专政，李达受到很大鼓舞，觉得中国人民摆脱灾难深重的苦海，可以走一条俄国那样的道路。他从日本某些进步的报刊杂志上留心这方面的消息，通过各种途径了解俄国革命是如何取得成功的，试图从俄国

① 李达：《沿着革命道路前进——为纪念党成立四十周年而作》，《李达文集》第四卷，人民出版社 1988 年版，第 732 页。

的革命胜利之路汲取经验，找出一条适合中国的革命道路。在这个过程中，他开始注意收集马列著作，并勤奋地钻研学习起来。

1918 年 5 月，段祺瑞政府同日本政府签订了丧权辱国的《中日共同防敌军事协定》，条约为日本帝国主义出兵侵占东三省北部及中东铁路路权，提供了合法的依据。在谈判过程中，部分条款被揭露，留日学生再也无法安心学习了，召开留学生联合大会，组成留日学生救国团，集体分批罢课回国请愿。李达当时是留日学生北京先发队的成员。他同救国团副干事长阮湘等人于 5 月 12 日晚抵达天津，随即成立救国团天津支部。他们在天津积极活动，遍访各界名流，联络津门各学校一致行动。5 月 15 日，李达及先发队抵达北京，将湖南会馆作为联络中心，随后成立救国团北京分部，遍访各报馆、各界人士，与北大邓中夏、许德珩等学生领袖磋商，决定发起一个群众性的反日爱国运动。5 月 20 日晚，他们在北京大学西斋饭厅召开大会，发表慷慨激昂的爱国演讲，痛陈在东京遭到的种种欺凌和屈辱，决定第二天到总统府请愿。次日，留日归国学生及北京大学等校的学生 2000 多人聚集在新华门前总统府门口，要求当局取消卖国协定，并郑重向冯国璋提交了请愿书。这次学生运动波及上海、天津、南京等地，是五四运动前规模最大的一次请愿游行运动。

由于经验不足、时间仓促，没能广泛唤起全国人民的一致响应，请愿活动最终失败。这给李达震动极大，由此他深切感受到，要想通过游行请愿实现救国是不可能的，在反动政府统治下，“实业救国”“科学救国”的路走不通，只有学俄国无产阶级，以马克思主义为指导，走十月革命道路，才可以救中国。于是，李达作出一个重要的人生抉择：放弃理工科，攻读马克思列宁主义。

1918 年 6 月，李达再次赴日，这次东渡日本只是为了学习马克思主义理论。他勤奋地学习了《共产党宣言》《资本论》第一卷、《〈政治经济学批判〉序言》《国家与革命》等马列著作和其他介绍马克思主义的著作，对马克思主义的唯物学说、剩余价值学说和阶级斗争学说有了初步了解。由于非常刻苦，外语基础又好，且善于结合自己的思考与实践，因此，李达比同时期的留日中国学生较快地树立起了全新的马克思主义世界观。

1919 年五四运动爆发时，李达还在日本，未能直接参加，但他密切注意运动的发展。当时中国思想界掀起了社会主义思潮的大讨论，李达十分关注，积极参与了这场大辩论。他撰写了《什么叫社会主义？》《社会主义的目的》两篇文章，于 6 月 18 日、19 日连续发表在上海《民国日报》副刊《觉悟》上，批判了形形色色的反马克思主义思潮，捍卫马克思主义理论。同时还发表了《战前欧洲社会党运动的情况》在《觉悟》上连载九天，向国内介绍俄、英、法、德、比、奥、伊朗等国家社会党运动的情况。当他得悉陈独秀被捕的消息后，立即写了《陈独秀与新思想》一文，赞扬陈独秀的功绩，强烈谴责反动政府的暴行，支援营救陈独秀的行动。

李达的部分文章、著作和译著

1918 年秋至 1920 年夏，李达在日本翻译了《唯物史观解说》《社会问题总览》《马克思经济学说》等三部著作，1921 年 5 月由中华书局出版，比较系统地介绍了马克思主义的三个组成部分。《唯物史观解说》是李达用德文本和日文本两书对照翻译的荷兰人郭泰的著作，到 1936 年 8 月共印行了 14 次。书中附有李达的两篇文章《马克思唯物史观要旨》和《译者附言》。这两篇文章把马克思《〈政治经济学批判〉序言》中和恩格斯 1888 年 1 月为出版《共产党宣言》英译本所写的《序言》中有关阐明唯物史观最精辟的论述辑录在一起，对当时中国先进分子直接从马克思主义创始人的论述中学习、掌握唯物史观基本原理有很大帮助，对历史唯物主义基本原理的传播起了重要的启蒙作用。《马克思经济学说》着重介绍剩余价值理论，被李大钊发起的北京大学马克思学说研究会列为阅读文献之一。《社会问题总览》一书着重介绍科学社会主义的理论和各国社会党的实践以及社会决策、工会问题、妇女问题，至 1933 年 8 月重版了 11 次。这三本书标志着李达已经有了很高的马克思主义理论水平。

经过五四运动的洗礼，李达实现了由爱国主义者到马克思主义者的转变，走进了中国第一批共产主义战士的行列。

马克思主义理论斗士

1920 年夏，李达抱着走俄国十月革命道路的明确目的，以“中华民国学生联合会总会理事”身份回国。在上海，他首先拜访了陈独秀，得知陈独秀与李汉俊正在积极筹建中国共产党，就欣然接受了陈独秀的邀请，留在上海积极参与了筹备工作。为了工作方便，李达住进老渔阳里 2 号，参加编辑《新青年》月刊。

当时各种社会主义思潮纷然杂呈，一些非马克思主义的思想混淆视听，使马克思主义的传播遇到很大困难。为了扫清建党道路上的思想障碍，李达和陈独秀、李大钊、蔡和森等共产主义者一起，积极投入对各种反马克思主义思潮的斗争，宣传、捍卫和传播了马克思列宁主义，特别是无产阶级专政的学说和建党的学说。在斗争中，李达是站在马克思主义理论前沿冲锋陷阵的英勇战士，发挥了核心和骨干作用。

基尔特社会主义是英国工联中一种资产阶级改良主义思潮，当时国内的梁启超、张东荪是基尔特社会主义的忠实拥趸者。他们提倡社会改良，反对社会革命，认为“劳动阶级”不存在，在中国搞社会主义只能是“毁灭社会”的“游民运动”。从 1920 年冬至 1921 年初，针对这些言论，早期共产主义者奋起反击，李达是其中的猛将。他写了《张东荪现原形》《劳动者与社会主义》《社会革命底商榷》等文章，批判了所谓马克思主义不适合中国的国情，中国无劳动阶级，不能提倡社会主义的论调，宣传和捍卫了马克思主义关于社会革命的原理，论证了世界朝着社会主义方向发展的历史趋势。

五四运动后，随着改造社会呼声的普遍高涨和知识界的空前活跃，无政府主义思潮迅速流传开来。从 1919 年至 1921 年，以黄凌霜、区声白为代表的无政府主义者，先后发表了《马克思学说的批评》《我们反对布尔扎维克》等一系列攻击马克思主义的文章。他们鼓吹以个人为中心的“绝对自由”，宣扬社会的“绝对平均”，反对一切权威和一切强权，反对无产阶级夺取政权的斗争，反对无产阶级建立有严格组织纪律的政党，提倡立即实行“各取所需”的分配原则。这种思想在青年知识分子中颇有影响，成了建党的严重障碍。李达是早期共产主义者对无政府主义批判的杰出代表。他先后发表了《什么叫社会主义》《社会主义的目的》《短言》《社会革命底商榷》《无政府主义之解剖》等文章，有力批驳了所谓“一切国家都是祸害”的谬论，论述了无产阶级专政的必要性和重要性；揭露了所谓“绝对自由”的欺骗性。通过论争，基本划清马克思主义与无政府主义的界限，纯洁了早期共产主义者的队伍，为中国共产党的诞生做了思想上和组织上的准备。

针对第二国际修正主义，李达发表了《第三国际党（即国际共产党）大会的缘起》《马克思还原》《马克思派社会主义》等文章，明确指出第二国际搞的“并不是社会主义”，揭露修正主义对马克思主义的背叛，从纲领上划清了马克思主义与第二国际修正主义的界限。李达对修正主义的批判和所阐发的科学社会主义的基本原理，对于即将建立的中国共产党免受修正主义的影响，一开始就能成为马克思主义的、革命的无产阶级政党，有着重要的历史作用。

针对第四国际站在极左的立场上，否定共产党人在资产阶级议会和黄色工会中进行工作的必要性，否定工农联盟，否定党的领导的错误主张，李达于 1922 年 4 月发表了《评第四国际》一文，对其理论与策略进行了批判。李达不仅阐明了利用合法斗争、建立工农联盟的重要性，提出了共产党对待农民和资产阶级的正确策略，而且着重批判了否定党的领导的谬论，论述了无产阶级政党领导的必要性和重要性。

在同各种反马克思主义思潮的斗争中，李达所发表的论著，其马克思理论水平在当时是相当突出的，代表了当时的较高水准，不愧是中国传播马克思主义的先驱，坚决捍卫马克思主义革命真理的英勇战士，为中国共产党的创建提供了理论支撑。

中共一大的筹办者

在中国共产党创建时期，李达不仅在理论上有卓著的贡献，在组织上也是一个积极的活动家。1920 年李达回国后，即以留日学生理事的身份，参加了中国学生联合会的领导工作。学联与上海中华女界联合会工作互有接触与往来。女联的会长徐宗汉乃黄兴夫人。不久，李达在徐宗汉那里结识了做文秘工作的年轻姑娘王会悟。王会悟给徐宗汉当过秘书，知书达理。两人相识后很快就产生了爱慕之情。次年春，在陈独秀夫人的操办下，李达与王会悟在《新青年》杂志编辑部举行了简单的婚礼，婚房就在陈家楼上。

1920 年 8 月，上海共产党早期组织正式成立，实际起了中国共产党发起组的作用。11 月 7 日，上海共产党早期组织创办了秘密政治刊物《共产党》月刊，李达以极大的精力投入主编《共产党》月刊的工作。在秘密状态下主办党刊，处境十分艰险，经费极端困难，李达将自己写的稿子卖给商务印书馆，稿酬用来办刊，为了减少开支，把月刊的编辑部设在自己家中一个不到六平方米的亭子间里。他组织了一批具有较高马克思主义理论水平的知识分子，如李汉俊、陈望道、施存统、袁振英等为月刊撰稿。有时工作紧张，他自己一个人承担了从写稿到发行的全部工作。据统计，《共产党》月刊第 1 至 6 号共发表文章 53 篇，世界和国内消息短讯 78 篇，而李达个人在月刊上发表长短文 39 篇，约占该刊全部文章的 30%。《共产党》月刊吸引和指导着全国的共产主义知识分子，成了各地共产党早期组织的必读教材，所刊登的科学社会主义文章，对早期先进知识分子发生过不同程度的影响，最多时发行量达 5000 份。

同年 12 月陈独秀赴广州后，先由李汉俊代理上海共产党早期组织书记，1921 年 2 月李汉俊辞去代理书记职务后，由李达继任代理书记。李达参加了改组后的《新青年》杂志的编辑工作，还创办了《劳动界》周刊，并以这两个刊物为主要阵地，宣传马克思主义，批判各种反马克思主义的思潮。

1921 年 6 月，共产国际代表马林和尼科尔斯基到上海，李达报告了上海及其他各地共产党早期组织的工作情况，共产国际代表认为在中国建党时机已经成熟，建议尽快召开全国代表大会。根据原先的酝酿和共产国际代表的建议，李达分别与在广州的陈独秀和在北京的李大钊联系。因为上海当时已成为中国共产党的联络中心，所以决定在上海召开中共一大。作为代理书记的李达担负了中共一大的筹备和组织工作。他与李汉俊联络各地共产党早期组织，发出通知，要求各地党组织各派两名代表到上海开会，代表们的食宿、会议场所等具体事务均由李达负责。他的新婚妻子王会悟是上海女界联谊会理事、社会主义青年团团员、《妇女声》杂志社编辑，也积极协助李达，参与会议的筹备。当时正值暑假，博文女校的房屋空着，该校校长黄绍兰，曾在黄兴手下工作过一段时间。她聘黄兴的夫人徐宗汉为学校董事长。黄绍兰听王会悟说"北京大学暑期旅行团"要借此住宿，就满口答应了。王会悟租了博文女校楼上三间房，供代表住宿，又买了几张芦席，以备到会的代表打地铺用。开会的地点就借用李汉俊哥哥李书城的公馆。

1921 年 7 月，各地代表陆续汇集于上海。据张国焘回忆，李达"是一个学者气味很重、秉性直率的人，有一股湖南人的傲劲，与人谈话一言不合，往往会睁大双目注视对方，似乎怒不可遏的样子。他的简短言词有时坚硬得像钢铁一样"。① 7 月 23 日晚，中共一大在上海望志路 106 号李汉俊、李书诚寓所内开幕，王会悟担任了门卫。会议期间，李达代表上海共产党早期组织报告了成立经过以及成立以来所进行的工作，参加了中共一大文件的起草工作。7 月 30 日晚的第六次会议遭到法租界巡捕干扰和破坏，当晚 12 时，有几位代表集聚在李达的住处，商议该如何继续开会。后来由王会悟提议和安排，去她家乡浙江嘉兴南湖续会。最后一天的会议就在嘉兴南湖一条租来的大画舫上进行，会议通过了中国共产党第一个纲领和中国共产党第一个决议，选举了由陈独秀、李达、张国焘组成的中央局作为领导机关，李达被选为宣

① 张国焘:《我的回忆》(第 1 册)，现代史料编刊社 1989 年版，第 132 页。

传主任。

中共一大以后，李达负责中央局宣传工作，又兼任上海平民女校业务主任（校长）。9月，李达主持建立中共第一个出版机构——人民出版社，社址就设在李达家里。这个秘密出版社主要负责出版马列主义经典著作，最困难时，李达甚至要单独承担著译书稿、编辑、校对、付印、发行等全部工作。为开展妇女工作的需要，李达与陈独秀商议，决定创办一所平民女校，以上海女界联合会的名义出面筹建。李达看到其住处后有一处院子正急于出租，就拿出自己的工资及稿费50元交了租金。1922年2月，中共创办了第一所女子学校——贫民女校，学校的负责人就是李达，王会悟协助李达处理学校行政事务。学校分高级、初级两个班，共有学生30人，还开设了一个工作部，内设缝纫、织袜、编织三个组。李达亲自为高级班学生讲授代数，还让学生到街头散发革命传单、组织各种募捐活动。同年7月16日，中国共产党第二次全国代表大会在上海南成都路辅德里625号李达寓所开幕，李达是参加会议的12个代表之一。11月，他辞去中央局宣传主任的职务，应毛泽东之邀，到长沙担任湖南自修大学校长，并讲授“唯物史观”等课程，与毛泽东一家一起住在长沙的清水塘。不久，李达与毛泽东等人创办了湖南自修大学校刊《新时代》月刊，共出了四期，宣传中共民主革命纲领，阐明统一战线政策，为帮助干部提高理论水平起到了重要作用。

中共二大会址（李达寓所）

“红色教授”坚守马克思主义

1923年夏秋，由于在党的有关政策问题上与陈独秀发生激烈争执，李达脱离了曾经积极参与创建的中国共产党。但是，他没有放弃马克思主义信仰，仍然坚持不懈地研究和宣传马克思主义，依然坚信马克思主义是救国救民的唯一真理。同年11月，李达去湖南法政专门学校任学监兼教授。后来该校改为湖南大学法科，他继续任教授，讲授唯物史观，他的讲课很受青年学生的欢迎。他把自己长期从事研究唯物史观的成果写成了《现代社会学》一书，于1926年6月正式出版，这是他的第一本哲学专著，也是中国最早的系统论述唯物史观和科学社会主义的著作之一。至1932年共印行14版，成为当时革命者必读之书。

李达脱党以后，仍同湖南党组织一起战斗。湖南党组织也没因他脱党而嫌弃，有什么工作仍叫他做，毛泽东、李维汉等待他如党内的同志一样。李达除继续坚持马克思主义的理论宣传外，还协助党组织做一些外围工作，常常向党组织推荐进步学生入党。

1926年10月北伐军攻克武汉后，李达应邓演达的邀请，去武汉主持中央军事政治学校招生事宜，代理恽代英任该校政治总教官。恽代英到校后，他任政治教官，兼国民革命军总政治部编审委员会主席，也向学生讲授社会科学概论。1927年3月，李达应毛泽东的邀请给中央农民运动讲习所学员讲授社会科学概论，不久受党组织委派，回长沙筹办国民党湖南省党校，任教育长。5月21日，马日事变爆发，李达提前接到党组织的通知，回家乡零陵避难。不久李达潜回上海，在朋友的帮助下于1928年创办了昆仑书店，出版马克思主义著作和哲学著作。1930年12月，国民政府颁布了《出版法》，封禁、查处进步出版机构。李达在极端困难的条件下，又创办了笔耕堂书店，继续出版马克思主义著作和进步书刊，直到 1937 年 5 月，笔耕堂书店才停止出版活动。

1929 年至 1931 年，李达任上海法政学院教授和上海暨南大学教授，由于向青年学生传播革命思想，影响很大，从而遭到国民党特务的监视、搜查甚至毒打，以至其肩骨和锁骨断裂，并被解聘。1932 年 8 月，李达去北平，北平大学法商学院学生闻讯后，强烈要求学校聘请他来校任教。在学生几近罢课的压力下，学校聘任他为教授兼经济学系主任。1932 年 6 月和 1933 年 5 月，李达两度受党组织委派给冯玉祥讲授辩证法和唯物论。讲课过程中李达注意理论联系实际，注重考察和研究中国的具体问题，说服他联共抗日，使冯玉祥的世界观发生很大变化。之后，李达先后任中国大学教授兼经济系主任、朝阳大学教授，被称誉为“带翅膀的”（以“飞”喻“非”）布尔什维克红色教授。他的名著《社会学大纲》是由北平大学法商学院所讲的“社会学”讲义基础上整理修改而成的，系统阐述了辩证唯物主义和历史唯物主义，在国内产生广泛影响，1937 年 5 月正式出版。李达将《社会学大纲》寄给在延安的毛泽东，毛泽东看了十遍，在给李达的信中称赞李达是一个“真正的人”，说这部著作“是中国人民自己写的第一本马克思主义教科书”，并要李达再寄十本。

抗日战争期间，李达在国民党当局的迫害和日军的追捕下，颠沛流离，但始终坚持为党工作，积极从事马克思主义理论的著述和宣传。1938 年 2 月，李达被聘到广西大学任经济系教授兼系主任，给学生讲授马克思主义经济学和社会学。同年冬，受邀去重庆为冯玉祥主持研究室，讲授马克思主义和中国实践问题。冯玉祥深受李达思想的影响，坚决拥护共产党的抗日民族统一战线政策。1939 年 4 月，在重庆的进步学者创办《理论与实践》学术刊物，李达担任编委。在刊物的第二期编后记中，李达被誉为“一位战斗唯物论的老健将”[①]。

---

① 宋镜明:《李达》，河北人民出版社 1997 年版，第 188 页。

1940年春，李达因失业，被迫回到故乡，此时，周恩来派人给李达以政治上的鼓励和经济上的接济。李达还曾应邀给八路军桂林办事处的干部讲授哲学。抗战中期以后，李达困居家乡，既受到国民党当局的监视，又要躲避日军追捕。但是，他坚守气节，拒绝参加伪地方政府县参议会，拒绝去“维持会”给日本人办事。抗战胜利后，李达回到家乡，仍受国民党特务的监视，行动不自由。1946年，他在家乡创办辅仁小学，亲任校长，对学生免收学费。1947年初，李达经中共地下组织协助，到湖南大学任法律系教授。他不顾个人安危，仍然坚持以马克思主义观点讲授社会学和经济学，并冲破种种限制，在很短时间内就写成了《法理学大纲》，坚持宣传马克思主义。

1948年初，毛泽东三次电示华南局护送李达到解放区，并通过中共地下组织带信给李达。这封信是这样写的：“吾兄系本公司发起人之一，现公司生意兴隆，望速前来参与经营。”[①] 李达因病一时还不能长途跋涉，直到1949年4月16日，在中共华南分局的安排下，才化装离开长沙，4月20日秘密抵达香港。5月14日到达北平，见到了毛泽东、刘少奇、周恩来、朱德等中央领导同志，受到热烈欢迎。李达来到北平，参加了中国人民政治协商会议和新中国成立的筹备工作，出席了中国人民政治协商会议第一届全体会议，并当选为全国政协委员。中共中央根据他的申请和几十年的表现，由毛泽东、刘少奇、李维汉、张庆孚作历史证明人，刘少奇作介绍人，于1949年12月，批准他重新加入中国共产党，不要候补期。

之后，李达先后担任中央政法干部学校副校长、湖南大学校长、武汉大学校长，被推选为中国科学院哲学社会科学部委员，中国哲学会会长。在理论战线上他以“老兵”自任，把研究和宣传马克思主义

① 上海人民出版社编：《学习毛泽东》，上海人民出版社1979年版，第394页。

哲学、毛泽东哲学思想作为自己职责。1966年“文化大革命”开始后，李达受到迫害，于8月24日含冤去世，享年76岁。

李达是中国宣传马克思主义的先驱，毕生致力于马克思主义在中国的传播，在民族危机深重之时，他坚信马克思主义是救国救民的唯一真理，为中国共产党的创建做了必要的组织准备和理论奠基。虽历经挫折与艰辛，仍矢志不移坚守马克思主义信仰。

参考文献：

[1]《李达文集》，人民出版社1988年版。

[2] 李达:《沿着十月革命的道路前进》,《中国青年》1961年。

[3] 宋镜明:《李达》，河北人民出版社1997年版。

[4] 王炯华等:《李达评传》，人民出版社2004年版。

[5] 丁俊萍:《李达对中国共产党创建时期宣传工作的贡献》,《江汉论坛》2013年第4期。

[6] 周可、汪信砚:《李达年谱》，人民出版社2017年版。

李汉俊

李汉俊从小目睹国家和民族积贫积弱，列强侵略的疯狂，立志要努力学习成为有用之才，为国家民族扬眉吐气出力。在日本，他从中学读到大学，虽然学的是工科，但对社会科学，尤其对正在西方和日本兴起的社会主义思潮、马克思主义学说十分感兴趣，阅读了大量原版马克思主义著作，逐步建立起对马克思主义的信仰。从日本东京帝国大学工科毕业后，本可以在国内安安稳稳地做个工程师。然而，李汉俊却作出了迥异常人的人生抉择，投身社会革命，宣传马克思主义。中共一大以后，由于各种主客观因素的影响，他作出错误的抉择：自动脱党，擅自离开党中央。但他并没有放弃对马克思主义的信仰，继续向青年学生传授革命理论和知识，积极从事劳工运动。李汉俊一生虽短暂，却被誉为“中共建党时期最有影响的思想家、理论家之一”、党内“最有理论修养的同志”、“中共早期马克思主义理论宣传的先驱”。

为信仰改学马列

李汉俊，原名书诗，又名人杰，号汉俊，1890 年 4 月 28 日出生在湖北省潜江县坨埠垸的一个教书先生家庭。家里仅有五亩旱田，生活很清苦。父亲李金山从小刻苦，但屡试落第，直到 38 岁才中秀才。为了谋生，他以塾师为生，为人正直，教书有方，具有强烈的爱国忧国意识，常教育学生勿忘国耻，掌握救国本领，为国效力。母亲出身贫寒，心地善良，宽厚仁慈。李家育有三男四女，老大早丧，老二李书城，李汉俊是老三。父亲把希望寄托在李书城和李汉俊身上，训勉李书城习军事，李汉俊学工商业，以军事、工商业为富国强兵之道，希望儿子们长大以后在这些方面有所成就。哥哥李书城 16 岁就中秀才，后到武昌，入张之洞创办的高等学府，结识了革命党人吴禄贞。1902 年，他被张之洞选派到日本，在日本陆军士官学校学习军事。在那里他拜访了孙中山，结交了黄兴，开始投身反清革命。李书城对李汉俊的成长影响很大。

幼年时期的李汉俊聪颖过人，五岁跟父亲学习认字，六岁进私塾学习《三字经》《幼学》《论语》等，接受启蒙教育，有过目成诵的本领，且善辞令有辩才。不久，父亲送他进了新式小学，学习国语、算术、自然、历史、地理等新课程。那时，中国正遭受西方列强大肆侵略，处于风雨飘摇之中，父亲经常给李汉俊讲述黄巾起义、太平天国运动等农民革命运动的故事。在父亲启蒙下，李汉俊心中萌发了爱国救国的想法。李汉俊在武昌小学期间，少年老成，爱幽静独处，不吵嘴打架，兴趣广泛，学习成绩出类拔萃。这时，哥哥的挚友吴禄贞很赏识聪慧的李汉俊，极力劝说他赴日本求学，愿意资助他的旅费和学费。

1904 年，14 岁的李汉俊便随哥哥李书城东渡日本留学，在少年之时就有了成为有用之才，为国家民族扬眉吐气而出力的远大志向。他最初进入日本明治法律学校附属经纬学堂学习日文，1905 年 4 月进入东京天主教会的晓星中学，把主要的精力放在主课上，努力学好法语、日语。1912 年 9 月入读日本第八高等学校，1915 年 9 月正式考入东京帝国大学土木工程学科，享受官费生待遇。中国同盟会在日本成立后，孙中山为代表的资产阶级革命派的主张，在李汉俊等留学生中影响很大。

在日求学期间，正是中国近代社会波诡云谲时期，清王朝业已谢幕，中华民国的大幕已经开启，但内乱不断，民不聊生的时局，令李汉俊等留日学生忧国更切，如何才能救亡图存成了爱国知识分子们激烈讨论的重要话题。各种思潮、主义，各种救国方案在他们心中激起阵阵波澜。本想学习工科实现“实业救国”“科学救国”的李汉俊自然也在苦苦地思考和探索。这一时期的日本，因战胜俄国而跻身世界强国之列，同时国内各种矛盾激化，社会主义思潮在日本也传播流行起来。特别是第一次世界大战使资本主义的各种弊端暴露无遗，俄国十月革命给世界展示了社会主义的诱人前景，于是各种社会主义书籍在日本被翻译，马克思主义得以广泛传播。

为了寻求救国之道，李汉俊常去听日本著名的马克思主义经济学者河上肇讲授的课程。河上肇很欣赏李汉俊的才华。在河上肇影响下，李汉俊从喜欢研究数学，逐渐地把主要精力投入到学习和研究马克思主义上。他阅读了大量马克思主义经典著作，还结识了日本早期社会主义者宫崎寅藏的儿子宫崎龙介，与其他的社会主义者也交往频繁。他与戴季陶、沈玄庐等对社会主义具有浓厚兴趣的人保持密切联系，还结识了陈独秀、李大钊等人。俄国十月革命胜利后，李汉俊备受鼓舞，研读大量马克思主义原著，并尝试着指导解决中国的实际问题。

1918 年 6 月，日本和北洋军阀段祺瑞政府缔结了《中日共同防敌军事协定》，中国准许日本从东三省出兵进攻西伯利亚。对此卖国行径，留日学生群情激愤，集会声讨，组织留日学生救国团，罢课回国开展救亡运动，李汉俊是留日学生总会副会长，学生救国团的重要成员。同年底，他离开了生活长达十多年的日本，与李达、黄日葵等人乘海轮回到上海。与当初东渡日本时相比，他的行囊里多了几箱英、德、日文的马克思主义书刊。他开始在同乡人士和有识之士播撒着变革社会的火种，成为中国最早传播革命真理的早期马克思主义战士之一。

马克思主义的播火者

留学归国后的李汉俊利用自己通晓日、德、英、法四国语言的优势，在上海研究和翻译马克思主义理论，向民众传播新文化。据不完全统计，从1919年到中共一大召开的1921年7月止，李汉俊就以李溯石、李人杰、人杰、汉俊等笔名发表了《怎么样进化？》《男女解放》《强盗阶级底形成》《浑朴的社会主义者底特别的劳动意见》等90余篇宣传马克思主义的文章。

五四时期，各种社会主义思潮在中国都有一群崇拜者与践行者，特别是无政府主义、基尔特社会主义、新村主义、工读互助主义等一度成为五四新青年的主流思潮。厘清马克思主义与这些非无产阶级思想的界限，才能扫除建立马克思主义政党的障碍。李汉俊立场十分鲜明，反复阐释只有马克思主义才是最合理最完全的体系，他说“马格斯学说，可以分作理论与政策两个方面，理论底方面，又可以分作‘唯物史观说’、‘经济学说’、‘阶级斗争说’三大部分；政策底方面，就是所谓‘社会民主主义’的部分；‘阶级斗争说’是像一条金线一般把上述三大部分的根本缝起来”[①]，唯有马克思主义才是指导中国革命的科学理论。

李汉俊认为宣传马克思主义唯物史观是当时马克思主义传播的重点，他已经深刻认识到经济基础决定上层建筑是唯物史观一个重要的基本原理。1919年8月17日，他在《星期评论》发表的《怎么样进化？》一文，就是用唯物史观来阐释人类社会发展规律的处女作。李汉俊与同时代其他早期共产主义者宣传马克思主义的最大区别，就在于他在宣传唯物史观的同时还传播辩证唯物主义，给人们展现较为全面的马克思主

① 李汉俊:《读张闻天先生底〈中国底乱源及其解决〉》，上海《民国日报》副刊《觉悟》，1922年2月6日。

义哲学。为中国救亡运动提供了认识世界和改造世界的科学世界观、认识论与方法论。

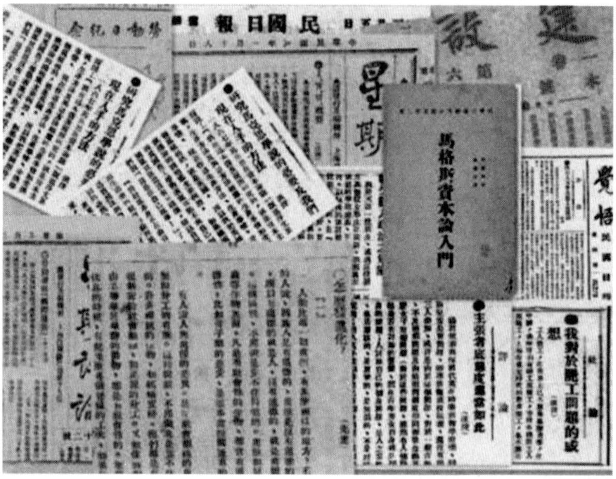

李汉俊的部分文章和译著

李汉俊通过翻译《马格斯资本论入门》，向人们宣传马克思政治经济学的基石剩余价值学说。这部译著一问世，立即受到中国先进知识分子的欢迎，李大钊、陈独秀大力推荐，北京、武汉共产党早期组织把该书当作学习马克思主义的必读材料。

李汉俊所写的《劳动者与“国际运动”》，是国内第一篇将三个国际作为一个整体全面介绍的国际共运史文章。国际共运史是一部无产阶级与资产阶级斗争的历史，是一部马克思主义与各种非无产阶级社会主义流派作斗争的历史。通过学习这段历史，使广大爱国青年知道什么是科学社会主义，提高了对非无产阶级社会主义流派的鉴别力。李汉俊还对张东荪所宣扬的基尔特社会主义展开批判。

李汉俊为了宣传和研究马克思主义，还主编、创办不少报刊和出版机构，译校、出版了大量马克思主义著作。1919 年 6 月，《星期评论》创刊时还举着资产阶级民主主义的旗子，随着李汉俊的加入就逐渐变成一个宣传马克思主义的刊物。至 1920 年 6 月停刊，《星期评论》共出35号，宣传马克思主义的文章（不含短评）有50篇，其中李汉俊发表的就有38篇之多。《新青年》从第8卷第1号（1920年9月1日）开始，成为上海共产党早期组织的机关刊物，李汉俊是改组后的《新青年》编辑部的主要成员。这年9月成立的新青年社是早期中国共产党人第一个公开的出版机构。李汉俊曾代理上海共产党早期组织的主要领导职务，对新青年社倾注了大量的精力。新青年社有计划地出版了“新青年丛书”“社会主义小丛书”，大大促进了马克思主义的传播。同年11月7日，《共产党》月刊创刊，由李达负责，李汉俊给予了有力的支持。1921年6月24日，在中共一大召开前夕，李汉俊和陈独秀、李大钊、李达、邵力子、陈望道等人发起成立了新时代丛书社，其宗旨是普及新文化运动。该社的通讯处就设在李汉俊和李书城的寓所，他是这个新宣传机构的核心人物。

李汉俊以社会和学校为两大课堂，言传身教影响和帮助那个时代的很多青年接受马克思主义。从日本回国后，他随兄长李书城居于法租界霞飞路渔阳里，与同邑詹大悲为邻。对面便是湖北的善后公会，一个湖北籍人士聚会的地方。1919年春，董必武和张国恩来到上海，寓居湖北善后公会，经詹大悲介绍结识了李汉俊。李汉俊给正处于迷惘和苦闷中的董必武、张国恩介绍了俄国十月革命和苏俄的情况，将一些马克思主义的书籍和日本进步杂志推荐给两位同乡。1920年1月，李汉俊又在《建设》杂志发表《改造要全部改造》——致董必武的长信，该信用唯物史观剖析中国社会黑暗的根本原因，阐释了自己对改造中国的设想，回答了董必武对中国现实的一些疑问。后来董必武回忆往事时称：李汉俊是“我的马克思主义的老师”。[①] 1922年2月底，李汉俊离开上海回到家乡武汉，曾在汉口特别区商场督办处“挂名义”作掩护，同时在武昌中华大学、武昌高等师范学校执教，以教师为职业，利用讲台进

① 《湖北文史资料》1987年第4辑，第184页。

一步宣传马克思主义。在武昌高等师范学校，他主讲的唯物史观、社会学史等科目，因为思想新、学说新，一下就抓住了青年学生，场面火爆时，教室里坐不下，连窗台上都站着人。

李汉俊还帮助同时代的其他先进知识分子完善多种译著。1919 年 11 月至 1920 年 9 月，他参加了戴季陶主持的考茨基名著《卡尔・马克思的经济学》的翻译，以《马克斯资本论解说》的标题在《建设》上连载。陈望道翻译的第一本《共产党宣言》译稿完成，从浙江义乌回上海，就住在李汉俊家。他把《共产党宣言》的日文版、英文版及译出的中文本交给陈独秀和李汉俊，请求他们进行必要的修改、校对，1920 年 8 月，“经陈独秀、李汉俊两人先后校对”的《共产党宣言》中译本由上海社会主义研究会列为“社会主义研究小丛书”正式出版，初版千余册立即销售一空。1921 年，李达在翻译荷兰人郭泰的《唯物史论解说》时，曾遇到一些麻烦与困惑，求助了李汉俊。为此，李达在“翻译附言”中特别感谢了李汉俊：“我有一句话要声明的，译者现在的德文程度不高，上面所说的那些补译的地方，大得了我的朋友李汉俊君的援助”。①

为建党作出重要贡献

1919 年 8 月，李汉俊在翻译日本社会主义学者山川菊荣所著《世界思潮之方向》时，萌发了在中国必须建立无产阶级政党的思想。在“译后短语”中，李汉俊写道：“平民、民众、无产阶级，得了个什么？我的良心问我说，你没有打算给他什么，他如何会得什么。我说：对，对，武人，官僚，黑暗的势力……不打算给他，那些恶魔的本分。我

① ［荷］郭泰、李达译：《唯物史观解说》，中华书局 1921 年版，附录页第 7 页。

呢，人家叫我做民党叫革命党，我应该在这一点有切实的打算。”[1] 这里的“民党”，应该就是像俄国布尔什维克那样的党，可见，李汉俊较早就有了建立无产阶级政党的思想。

1920 年初，李汉俊和李大钊、陈独秀等开始着手组建中国共产党的工作。4 月，共产国际代表维经斯基一行抵达北京，经李大钊介绍到上海会见了陈独秀、李汉俊等。通过多次交谈，陈独秀、李汉俊等进一步了解了俄国十月革命和布尔什维克党的情况，决心依据列宁领导的共产国际宣言和决议精神，以俄国布尔什维克党为榜样创建中国共产党。5 月，在维经斯基帮助下，李汉俊和陈独秀等发起成立了马克思主义研究会。6 月，陈独秀、李汉俊、俞秀松、施存统、陈公培等人商议决定成立共产党组织，并初步定名为社会共产党。由李汉俊起草党纲，明确提出“用劳工专政和生产合作为革命手段”。8 月，上海共产党早期组织正式成立，李汉俊等人拟定了一个简单的中国共产党党章草案，以统一大家的思想和行动。同时，李汉俊写信给董必武，约请他们在武汉建立中共组织，不久亲赴武汉与董必武商谈，推动武汉共产党早期组织成立。以后，他又介绍共产国际远东局的维经斯基的助手马迈耶夫夫妇到武汉，协助武汉党组织开展工作。他又通过董必武与湖南的关系，支持毛泽东等人组建长沙共产党早期组织。山东的王尽美，也是通过对李汉俊文章的学习，在李汉俊支持下成立了济南共产党早期组织。

12 月，陈独秀赴广州就任广东政府教育委员会委员长，李汉俊代理上海共产党早期组织书记，与李达一起主持中共一大的筹备工作。起草中国共产党党纲是筹备工作的头等大事。陈独秀、李汉俊分别承担了起草党纲草案的任务。1921 年春，李汉俊在与陈独秀通信往来中，在关于中共组织形式问题上发生分歧，陈独秀主张中央集权，李汉俊则主

① 上海《民国日报》副刊《觉悟》，1919 年 9 月 5—7 日。

张地方分权。由于李汉俊对于陈独秀以往独断专行的作法甚为不满，认为集权制将助长陈独秀的专断作风，两人意见相持不下，他愤而辞去了上海共产党早期组织代理书记的职务。但他并没有中止革命活动，仍然进行着筹备工作，加快了对党的纲领和理论政策的研究。同年 6 月 7 日，李汉俊在《共产党》第 5 号发表《劳农制度研究》一文，介绍苏俄劳农制度的历史，提出了“以俄为师”的建党政治方向。在具体政策方面，李汉俊也进行了认真研究。从他在中共一大的发言看，主要有：一是共产党员经过党的批准或领导，可以参加国会，或到政府中做官。二是共产党员经过党的批准，可以与其他党派合作。三是党应该引导工人阶级进行合法、公开的斗争，但工人阶级在进行合法斗争时，不要对国会抱有幻想，“采取和平的方式，而不采用彻底的手段”[①]。

但是，李汉俊提出的中国共产党纲领与陈独秀的主张发生了分歧，这样，在中共一大上李汉俊提出的党纲并没有成为制定中国共产党第一个纲领的依据。但这并没有影响他的建党思想在中共创建史上发挥了重要作用。

1921 年 7 月 23 日晚，中国共产党第一次全国代表大会在上海法租界望志路 106 号召开。这个地方是李汉俊与哥哥李书城的寓所，也是在李汉俊的张罗努力下安排的。在共产国际代表马林、尼克尔斯基致辞时，李汉俊、刘仁静分别担任即席翻译。7 月 25 日、26 日，李汉俊作为起草纲领和工作计划委员会成员参与了大会文件的制定。7 月 30 日晚，大会举行第六次会议时遭到法租界巡捕破坏，与会代表分途散去。李汉俊说自己是房主不应离开，便留下与法国巡捕和侦探周旋。他用法语一一回答了法国警官的盘问，巡捕未发现政党活动的证据，也未从李汉俊的回答中找到什么破绽，只好悻悻离去。李汉俊因受到法租界密探

① 上海人民出版社编:《党史资料丛刊》1980 年第 1 辑，上海人民出版社 1980 年版，第 15 页。

监视，未能出席最后一天在嘉兴南湖举行的会议。会后，李汉俊和董必武起草了中共一大给共产国际有关中国情形的报告。

开展工人运动

李汉俊不仅研究与宣传马克思主义理论，还是工人运动的指导者和实际参与者。从日本回国后，他在报刊上发表了许多有关工人运动的评论。1919年8月，他在《星期评论》发表《怎么样进化？》一文中，肯定劳动者是社会财富的创造者。他说，资产阶级垄断了生产资料，垄断了交易市场，工人变成同机器一样的“器具”，必然破坏生产力，造成经济的“大恐慌”。他认为，人类要改变这种状况，朝幸福、安定的方向发展，就要“把机器的所有权，普及于一般运用机器的人”。[①] 9月，他在上海《民国日报》上发表的《劳动者运动之指导伦理》译文，指出十月革命后，世界就朝着无产阶级解放的方向“突飞猛进”。主张建立完全消灭劳动榨取制度的新文明。

五四运动过后，上海工人运动潮起潮落。李汉俊及时对工人运动进行评论，总结工人罢工情况，认为：首先资本家对工人采取高压手段，反对工人有与资本家进行交涉的权利和结社的权利；其次，工人群众也不知道自己有这些权利，工人的斗争还处在自发阶段，局限于争工资、缩短工作时间和改善工作条件等经济方面；最后，提出工人应该提高阶级觉悟，对社会进行彻底的改造。

1920年4月2日，上海船务栈房工界联合会召开成立大会，李汉俊与陈独秀一起到会祝贺。5月1日，《星期评论》《新青年》同时出版了“劳动纪念号”。李汉俊发表《强盗阶级底成立》一文，用马克思主

① 汉俊:《怎么样进化？》,《星期评论》1919年8月17日。

义的政治经济学理论，揭露了资本家发财致富，工人受压迫和剥削的秘密。他又为《上海伙友》《店员周刊》等工人杂志撰写文章，启发和鼓动工人起来斗争。同年8月15日，李汉俊与陈独秀创办了中国第一个工人阶级周刊《劳动界》。他和陈独秀作为发起人，在上海《民国日报》上刊登的《〈劳动界〉出版告白》中，旗帜鲜明地宣布该周刊的宗旨就在于“改良劳动阶级的境遇”。李汉俊为《劳动界》写的发刊词表明，“我们印这个报，就是要教我们中国工人晓得他们应该晓得他们的事情。”[①]李汉俊主持上海党组织的工作时，常深入到工人群众中，帮他们办工人学校，对工人进行教育、发动和组织工作。10月3日，上海机器工会在渔阳里6号外国语学社召开发起大会，李汉俊被聘为名誉会员。11月21日，上海机器工会成立，这是中共领导下的第一个工会组织。

1921年2月，上海法租界的电车工人因所得工资无法维持最低生活，于28日举行罢工，要求增加工资，取得胜利。几天后，公司出尔反尔取消承诺，3月3日工人再次举行罢工，迫使洋资本家们作了让步。对此，李汉俊在3月5日的上海《民国日报》上发表《我对于罢工问题的感想》和在3月8日的上海《民国日报》副刊《觉悟》上发表《法租界电车罢工给我们的教训》两篇文章，热情赞扬了电车工人的斗争精神，批判了社会上流行的“中国人没有团结性”，尤其“工人没有知识不行”的谬论，指出“人到了饥寒交迫的时候，总要做出努力争存的事业来。这就是人类底适应力”；“我们对于中国社会之运动，所以有莫大希望也是在这里。‘没有知识不行’的中国人，现在也团结起来，就是这个适应力促成的。那般说‘工人没有知识不行’的人们也该醒了”。他警告那些将工人视为“无知识”“下等人”的资本家：决不要“轻视

① 汉俊:《为什么要印这个报？》,《劳动界》第1册，1920年8月15日。

劳动者”。

同年12月，汉口租界的人力车夫举行了大游行，迫使法帝国主义和车行资本家答应了工人的条件。在上海的李汉俊为家乡工人阶级的伟大斗争所鼓舞，撰写了《汉口人力车夫罢工底教训》一文。他写道：汉口人力车夫的罢工胜利，使工人认识到“他们向来认为神圣不可侵犯的公司也没有办法，只好屈服于他们。他们就觉悟了他们底实力，比他们向来所不敢比拟的一切绅士老板底实力还要大”。通过斗争，工人觉悟到劳动者的团结力量的伟大，觉悟到工人结成团体的重要性。这种实力“由知识阶级底说明固然也能觉悟，但这不如他们自己由实际运动中体会得来的确切深刻而且迅速”。他希望工人不仅应该觉悟到要得到生产关系上的“支配权”，而且要得到政治上的“支配权”[①]。

1922年2月底，李汉俊回到家乡武汉，虽不是湖北地区工人运动的领导者，但仍主动参与其中。他通过马克思学说研讨会，在青年学生和工人群众中宣传马克思主义。当时武汉党组织在汉口、武昌设立了两个研讨会，每星期开会一次，他轮流到会指导，同时鼓励青年学生到工人中去。同年5月1日，在武汉地区纪念国际劳动节活动中，李汉俊应武汉学联邀请，演讲了国际劳工运动史，呼吁青年学生投身工人运动。

1923年1月，京汉铁路总工会筹备处决定于2月1日在郑州举行京汉铁路总工会成立大会。1月30日晚，李汉俊带着武昌高师历史社会学系四名学生到汉口江岸车站，随同林育南、陈潭秋、施洋、林祥谦等，乘车赴郑州参加京汉铁路总工会成立大会。到了郑州，学生们见各地代表和来宾都带着礼物，觉得也应该送一份礼物表达武汉学生的心愿，李汉俊欣然同意。他们买了五尺红绫，按照施洋的意见写上了“大地赤化”四个大字，敬献给了大会。

---

① 参见汉俊:《汉口人力车夫罢工底教训》，上海《民国日报》副刊《觉悟》，1922年1月3日。

初心不改英年牺牲

京汉铁路工人大罢工被镇压后，李汉俊被迫到北京哥哥李书城处暂避。后通过李书城的关系，先后在北京政府的外交部、教育部任职，为此，中共中央发出通告给他处分。这时，李汉俊在北京给中共中央写信，宣布脱离共产党。早在中共一大之后不久，由于主客观原因，李汉俊已经自动卸任党内一切职务，离开上海前往武汉。1922 年中共二大召开前夕，陈独秀曾致电邀请他参加中共二大，但李汉俊托人将他向中共中央写的一份意见书从河南带至大会，自己却始终没有到会。对于李汉俊的脱党，马林感到十分惋惜，在给共产国际的报告中认为“这样我们失去了一个优秀的理论干部。”[①] 由于马林的意见，中共中央决定请李汉俊到广州参加中共三大，希望他回到党内重新工作，并在他未出席的情况下，仍选他为候补中央委员，遗憾的是李汉俊没有作出正确选择，回归党组织。由于李汉俊和党的方针路线有重大分歧，特别是长期不参加党的政治生活与会议，违反了党的章程，实际上处于脱离党的关系的状态，因此，1924 年末，他被开除党籍。李汉俊虽然脱党，但他没有放弃共产主义信仰，仍积极宣传马克思主义，他曾对人说：“我不能做一个共产党人，能做一个共产主义者，亦属心安理得。”[②]

1925 年 5 月，李汉俊积极投身到声援上海的五卅运动中，奔走呼喊，愤怒抗议英帝国主义在汉口的暴行。同年年底，他参加了中共发动的驱赶武昌高师校长、国民党右派石瑛的学潮，最后迫使石瑛辞去国立武昌大学校长之职。1926 年春，他接受中共的邀请，在上海大学主讲“唯物史观”，在学员中传播马克思主义。同年 7 月，李汉俊加入了国民

---

① 田子渝：《中国共产党创始人》，武汉出版社 2004 年版，第 150 页。

② 包惠僧：《怀念李汉俊先生》，《党史资料丛刊》1980 年第 1 期。

党，与董必武同为国民党湖北省党部执行委员，一起推进国民革命。8月21日，以董必武为团长、李汉俊为副团长的湖北各界代表团抵长沙，以此表达武汉三镇人民欢迎北伐军。22日，在湖南的国民党中央执行委员、监察委员和湖北、湖南两省的国民党省党部执委举行联席会议，董必武、邓演达向会议提出了促进湖北省党务具体方案。会议决定成立政治经济委员会，由蒋介石、邓演达、詹大悲、夏曦、李汉俊等人组成，李汉俊担任秘书。同时，李汉俊还被委任为国民革命军总司令部秘书。会后，李汉俊与詹大悲随北伐军回到武昌。

李汉俊一方面协助董必武等为配合北伐军攻占武汉三镇而日夜奔波，另一方面又积极投身湖北革命政权的筹建工作。9月23日，湖北政务委员会宣告成立，李汉俊出席了第一次会议，担任政务委员会委员兼保管委员会主任委员。政务委员会下设四个科，其中教育科长先由郭沫若担任，后改为李汉俊兼任。1926年10月10日，北伐军终于攻克武昌，武汉三镇解放，武汉成为国民革命运动的中心。此时的李汉俊主动与中共保持政治上一致，成为坚定的国民党左派。11月1日，他在政务委员会第四次会议上，提议成立教育讨论会，由他担任主席。获得通过后，他以主席身份，聘请董必武、钱介磐、宛希俨、邓初民、耿丹等九人为委员，负责“改造及振兴”湖北教育事业。12月28日，国立武昌中山大学筹备委员会成立，李汉俊是九人筹委会委员之一。1927年1月，在国民党湖北省第四次代表大会上，李汉俊和董必武、钱介磐等15人被选为执行委员。4月10日.湖北省政府正式成立，取代湖北政务委员会，李汉俊任省政府委员兼教育厅长。

1927年4月12日，蒋介石在上海发动了反革命政变。面对险情，李汉俊同中国共产党站在一起进行了坚决的斗争，22日参加了30多万武汉革命群众举行的声势浩大的讨蒋大会。这时，汪精卫也在暗中加紧策划“分共”阴谋，对董必武主持的国民党湖北省党部横加责难，对湖北农民运动大肆攻击。李汉俊则充分肯定省党部的工作，对农工运动大加赞扬，称赞“农工是世界解放的钥匙”“在革命过程中，农工是主力军”①。可见，李汉俊虽然在组织上离开了中共，但他反帝爱国的行动，支持工农群众革命的态度，反对蒋介石等新军阀的勇敢无畏，显示他信仰不改，初心未变。7 月，汪精卫终于撕下“左派”的面具，发动了政变，轰轰烈烈的大革命失败了。

1927 年 9 月，桂系军阀纠集国民党各派在南京成立“特别委员会”，行使国民党中央最高权力。10 月，南京特委会组成西征军，分三路进攻武汉，形势日益恶化，董必武、李汉俊、詹大悲等坚持斗争。桂系西征军到达武汉前夕，李汉俊与李书城等以湖北省政府的名义，将在狱中关押的 200 多名中共党员和青年团员全部释放，使他们免遭桂系军阀的杀害。在国民革命中，李汉俊以特有的社会地位，起到了共产党员所不能起到的重要作用。

12 月 17 日，桂系军阀胡宗铎将李汉俊、詹大悲拘捕。当时还穿着睡衣的李汉俊提出更换衣服，遭到拒绝，他在匆忙中安慰了正怀孕的妻子陈静珠后，便随军警走出了大门。当晚，胡宗铎将他们从租界引渡，不加审讯，便将他俩杀害。

1952 年 8 月，毛泽东亲自签发了第 0011 号烈士证，上写：“查李汉俊同志在革命中光荣牺

毛泽东为李汉俊签署的烈士证

① 李汉俊：《汉口民国日报》，1927 年 1 月 5 日。

牲，丰功伟绩永垂不朽！”

参考文献：

[1] 姚松蛟:《中共“一大”代表李汉俊的功与过》,《炎黄春秋》1996年第2期。

[2] 田子渝:《李汉俊》，河北人民出版社1997年版。

[3] 罗仲全编著:《中共一大代表李汉俊》，四川人民出版社2000年版。

[4] 中共湖北省潜江市委党史研究室、中共一大会址纪念馆编:《李汉俊文集》，中共党史出版社2013年版。

[5] 冯铁金:《马林是〈给李汉俊的信〉(1923年6月24日)的作者》,《中共党史研究》2009年第7期。

[6] 李丹阳:《李汉俊与中国共产主义运动起源》,《史学月刊》2012年第7期。

步入歧途　迷途知返

中共一大代表中，刘仁静、包惠僧在革命处于低谷和逆境时，没能经受住考验，走入歧途。刘仁静建党之初被称为“小马克思”，参加中共一大时年龄最小，只有19岁，后来却成了“铁杆托派”，公开反对党的领导，被开除党籍。包惠僧早年是多个报纸的记者，敢于揭露社会上的一些黑幕，后来结识陈独秀，转而信仰共产主义，成为武汉的共产党早期组织负责人。面对党内误会和大革命失败，他放弃了共产主义信仰，在国民党内供职。新中国成立后，两人均承认错误，迷途知返，被安排了适当的工作，晚年都任国务院参事。

刘仁静

刘仁静年轻时候即怀着满腔的激情和美好的向往，投身革命洪流，希望改变腐朽落后的中国社会。五四运动前后，他阅读了大量社会科学方面的书刊，对各种思潮和主义进行反复研究比较，作出了自己的人生抉择：信仰马克思主义，走俄国十月革命道路。中共一大以后，他对马克思列宁主义理论的认识更加深刻，提出了比较符合中国革命实际的设想和观点。大革命失败后，在莫斯科学习的刘仁静卷入斯大林和托洛茨基的路线斗争，他的人生抉择出现偏差，转而信仰托洛茨基主义。抗战胜利后，刘仁静既回不到中共党内，又被托派视为叛徒，走投无路，只得投靠国民党，人生道路再次偏离正确航向。新中国成立后，他向中共中央自请处分，认错回头。

五四运动的先锋

刘仁静，又名刘敬云，刘竞人，字养初，1902 年 3 月 4 日出生在湖北应城城关一个教书先生家里。应城虽然落后，但因离汉口不远，走水路一天可到，并不算特别闭塞。祖上开过小杂货店，经营无方而被迫停业。父亲刘世芳喜爱读书，对开店经商不感兴趣，考中秀才后，在家办了个私塾，改以教书为生。刘仁静是家中长子，父亲希望他好好读书，走传统科举道路，有朝一日能够光宗耀祖。他三岁开始发蒙，随父读书识字，学习《三字经》《论语》之类启蒙读物，成了家设私塾中最幼小最特殊的学生。他天资聪明，又刻苦，学业进步很快，但是严格刻板的教育，使刘仁静成了一个爱静不爱动的少年老夫子。他除学习背诵规定的功课外，还读《施公案》《七侠五义》《说岳》《粉庄楼》之类旧小说。后来他对父亲买的《皇朝经世文编》爱不释手，这部开启中国近代经世思潮的图书，尽管有许多地方读不懂，仍大大开阔了他的视野。刘仁静又借来梁启超主编

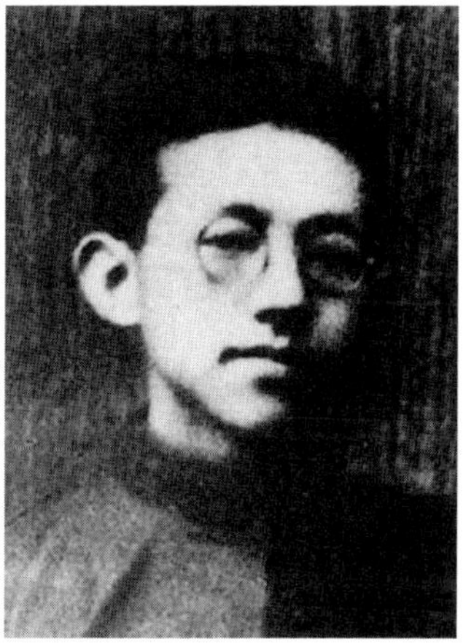

刘仁静

的《新民丛报》和章炳麟主编的《民报》，从这些书报中，他看到了在传统经典中不曾读到过的东西，这些东西就像黑夜中的点点星光紧紧吸引着他，那时他才 10 岁。

1911 年辛亥革命改朝换代，刘仁静头上的辫子剪掉了，家中的私塾停办了。父亲成了国立县商业学校的国文教员，让刘仁静插班进了县立高等小学，改学新学。父亲此时已为刘仁静重新规划了人生，不再要求他八股求仕，而是改学洋文，以便将来能进新兴行业如邮局、海关之类谋个金饭碗。

高小毕业后，12 岁的刘仁静考入了武昌博文书院，一家英国教会办的 Wesley College，该校学膳费昂贵，但父亲不惜举债送儿子去求学。他从此打下了非常好的英文基础，学业优良。博文书院昂贵的学费使刘仁静学习难以为继，两年后，他转入收费稍便宜的武昌私立中华大学附中读三年级。那时新文化运动的号角已经在武昌吹响，中华大学在当时属于比较开放的学校，允许学生有自由研究的空间和接触社会的机会。在这里，刘仁静在完成规定的课程之外，还阅读了《新青年》《甲寅》《学生杂志》《科学》等大量进步刊物，成为宣传民主与科学的新文化的拥护者。

就在刘仁静的思想自觉不自觉间有所变化时，结识了比自己大七岁，在中华大学大学部学习的恽代英。恽代英在学生中组建了一个进步社团——互助社，刘仁静于 1917 年 10 月加入。他和恽代英、林育南、黄负生等成员在中华大学大门口开办启智图书室，经常阅读《新潮》和《新青年》等刊物。互助社是一个具有强烈爱国主义的团体。他们每次开会必诵读《互励文》，决心团结一致，群策群力拒社会之恶，倡社会之善。他们谴责北洋政府卖国行径，反对日本侵略中国，开展提倡国货运动，如上街调查国货，向人们宣传不忘国耻。刘仁静加入这个组织仅半年多，已具有爱国民主的思想，怀有追求真理，改变腐朽落后旧中国的理想。

1918 年夏，刘仁静考入北京大学，那年他刚满 16 岁，是新生中年龄最小的。此时，北京大学在校长蔡元培的大力整顿改革之下，在很短的时间内，引进了陈独秀、李大钊、胡适等一大批知名教授和学者。刘仁静进入北大之后，感到空气清新，精神为之一振，在这个新天地里决心用功读书。他先在北大理科读了两年预科。北京大学每学期学宿费与昂贵的博文书院相差无几，家庭日渐负担不起，时有不能按期汇款的情况。北大的教授胡适、李大钊都给他写过拖欠学费的保单。在这种情况下，刘仁静除努力读书，还多方寻找勤工俭学的机会。同时，他广泛参加各类活动，成为班级中的佼佼者，担任了班级评议会的评议员。在李大钊的影响下，两年预科毕业后，刘仁静转入哲学系学习，但没有多久刘仁静又转入英语系学习。

在新文化运动的影响下，刘仁静逐渐修正科学救国的人生航向，政治热情高涨，积极参加各种形式的斗争。在此期间，刘仁静曾对罗素、杜威和胡适的思想产生过兴趣，不久，转而又对无政府主义表示崇拜。他阅读过俄国无政府主义者克鲁泡特金的论著，他参加的互助社就是以克鲁泡特金的名著《互助论》中"互助"两字定名的。他认为靠共同劳动、互相帮助，就可以抗争社会恶势力，建立平等、自由、博爱的新世界。

在刘仁静进入北大的第二年，五四运动爆发。刘仁静作为一个已对新思潮有所思考并心向往之的青年学子，更是表现出了昂扬的爱国热情。他积极参加了五四前的各种会议。5 月 4 日，学生领袖罗家伦正在发表后来被称为"五四宣言"的演讲时，刘仁静怀揣着一柄尖刀欲结束自己的生命，试图用热血唤醒民众，被身边同学发现并夺下。游行队伍到达赵家楼胡同时，学生冲了进去，火烧赵家楼，痛打章宗祥。当军警过来捕人时，由于刘仁静个子小，前来抓捕的军警都没有注意到他，让他脱险。在此后的历次行动中，他都冲在前面。北京大学组织了讲演团，“从小孤僻，口才不好，不擅于鼓动”的他主动报名参加街头演讲团，自愿充当扛旗子敲边鼓的角色，需要时也勇敢地即兴讲几句。他们每天上街宣传，号召群众起来斗争。6 月 3 日，刘仁静在街头演讲时，被警方逮捕，判刑一个月。17 岁的刘仁静面对铁窗生活，毫不畏惧。

中共一大最年轻的代表

五四运动后，刘仁静的人生态度发生很大变化，父母的期望被抛之脑后，对世界的不公、社会的黑暗，更加痛心疾首。他开始广泛结交新朋友，大量阅读马列著作，关注十月革命及其对中国的影响，而且投身革命实践。信仰马克思主义，实现无产阶级专政逐渐成为他的人生选择。

这时，更多的思潮传入中国，除马克思主义外，还有无政府主义、新村主义、工团主义、国家主义、基尔特社会主义等，五花八门。1919 年秋，刘仁静成为少年中国学会第一批会员，在学会活动中，结识了对他一生有重大影响的良师李大钊和学友邓中夏。他积极参与学会的会务工作，多次参加学会在北京中央公园举办的茶话会，大家一起商谈会务、讨论问题、交流思想。他还积极介绍其他志同道合的青年入会，中学时代的学长和挚友恽代英以及朱自清等就是经他介绍成为学会一员的。同年底，王光祈、李大钊、陈独秀、蔡元培、胡适等 17 人在北京发起工读互助团，其宗旨为“本着互助的精神，实行半工半读”，通过逐步改良社会，最终使全社会实现共产主义。在此期间，刘仁静就在《致恽代英信》中表明了自己不同的思想观点。他已经认识到用工读互助的办法去改造中国社会是行不通的。要解决中国社会问题，必须走暴力革命的道路，必须对中国社会作彻底的改造。刘仁静是同时代的先进知识分子和先进青年学生较早抛弃工读互助改良思想的人。

1920年3月，在李大钊的倡导和支持下，刘仁静与邓中夏、罗章龙、黄日葵、高君宇等19人，秘密发起组织北京大学马克思学说研究会，这是中国最早研究马克思主义的团体，其成员大多是五四运动的积极分子。研究会成立后，蔡元培同意给两间房子，其中一间当图书室，名为“亢幕尼斋”，其成员通过收集各种文本的马克思主义著作进行专题研究。凭借良好的英语基础，刘仁静可以直接阅读英文书籍。其间，他阅读了《共产党宣言》《社会主义从空想到科学的发展》《哥达纲领批判》《家庭、私有制和国家的起源》《法国1848—1850年的阶级斗争》《法兰西内战》《费尔巴哈与德国古典哲学的终结》等一批马克思主义经典著作英译本，以及其他一些阐述马克思主义著作的英文本，如布哈林的《共产主义ABC》等。刘仁静阅读了这些书籍后，思想觉悟有了很大的提高，对马克思主义的认识更加深入。

为了解五四运动后的中国政局并帮助创建中国共产党，1920年4月，共产国际代表维经斯基一行来华，在北京会见了李大钊，双方就建党问题交换意见。维经斯基在北大图书馆李大钊的办公室，多次召开座谈会，刘仁静与张国焘、邓中夏、罗章龙等北大学生曾参加了座谈会，对俄国十月革命和革命后的状况有了更多的了解，深受鼓舞。6月，维经斯基在上海指导建立了由杨明斋负责的华俄通讯社，并在北京设立分社，主要向北京、天津一带中外报刊供稿。刘仁静凭借自己扎实的英文功底，参加了北京分社的工作，负责“把北京报纸上的消息译成英文，再有人把它译成俄文，通过电报发回莫斯科”。①

继上海共产党早期组织成立之后，李大钊于9月开始着手筹建北京共产党早期组织，最初的成员有李大钊、张申府、张国焘三人。11

① 《访问刘亦宇谈话记录》，刘建一、李丹阳:《为吴廷康小组来华建党铺路的俄侨》，《北京党史》2011年第6期。

月，张申府去法国后，有黄凌霜等六名无政府主义者加入进来，稍后，又发展了罗章龙、刘仁静等入党。在北京党组织内部，无政府主义派反对无产阶级专政，不赞成有严密组织和严格纪律等规定，在一次双方争辩的会议上，“刘仁静特别强调无产阶级专政是马克思主义的精义，如果不承认这一点，现在就无法一致进行宣传工作”。[①]经过一番争论，大多数无政府主义者退出了北京共产党早期组织。之后，北京青年团骨干邓中夏、高君宇、何孟雄、缪伯英等转为共产党员。1920 年年底，成立了共产党北京支部，李大钊任书记。

北京共产党早期组织成立后，刘仁静侧重于领导学生运动，并与罗章龙、张国焘一起，负责北京社会主义青年团的筹建工作，最早一批团员以北大学生为主体，约有 30 人。在李大钊的指导下，1920 年 11 月，在北京大学学生会办公室召开青年团成立会议，刘仁静与张国焘、高君宇、邓中夏、罗章龙等 40 余人出席。高君宇被选为书记。北京青年团的主要工作是联络各校进步学生，发展组织，宣传马克思主义，举办劳动补习学校，并组织部分团员赴苏俄学习参观。之后，大多数团员加入了北京大学马克思学说研究会，后来又成为中共党员。

1921 年 6 月，北京共产党早期组织接到上海党组织要求选派两名代表出席中共一大的通知。在推举代表时，刘仁静回忆说：“最初是张国焘和邓中夏，可是邓中夏当时在保定师范学校教书，又要兼管长辛店工人补习学校，有事去不了；罗章龙在铁路工会工作也很忙。我当时没有职务，结果补选我去上海出席一大。可是谁也没想到一大会有这么重要？！”[②]刘仁静在参加中共一大之前，先是与高君宇、邓中夏、黄日葵一起，代表少年中国学会北京会员，出席了少年中国学会在南京举行第二次年会。会后，刘仁静从南京赶赴上海与提前到达参加中共一大筹

① 张国焘:《我的回忆》(第 1 册)，现代史料编刊社 1989 年版，第 108 页。
② 肖甡:《访问建党时期的知情人》,《百年潮》2001 年第 5 期。

建工作的北京代表张国焘会合。

7月23日晚，中共一大在上海望志路106号李书城、李汉俊的寓所开幕，25日、26日休会两天，起草党的纲领和工作计划。因为刘仁静有北大“小马克思”的雅号，英文底子好，接触、翻译了不少关于马克思主义理论的著作，被推选为大会起草小组成员之一，参加大会文件的起草审议工作，并担任共产国际代表的英语翻译。会上，在讨论党的基本任务，党员能否参加资产阶级议会，能不能当官，对其他党派的态度等问题时，发生激烈的争辩。据亲历者陈潭秋、张国焘、李达、周佛海、包惠僧的回忆，中共一大确有两种不同意见或两种倾向：一是李汉俊主张，党只能进行研究和宣传马克思主义，不能搞实际革命工作；一是刘仁静、张国焘等持反对态度。陈潭秋著文写道：刘仁静“主张以无产阶级专政为直接斗争的目标，反对参加资产阶级民主运动，反对任何合法运动”。[①] 而张国焘回忆说：刘仁静认为“中国共产党应信仰革命的马克思主义。以武装暴动夺取政权，建立无产阶级专政，实现共产主义为最高原则。”[②] 刘仁静当时只有19岁，他在会上的发言给多数代表留下深刻的印象。虽然刘仁静与李汉俊两人在会议上观点不同，但在一大闭幕时，代表以无记名的方式选举中央领导机构时，刘仁静还是投了李汉俊一票。一大结束时，注重做实际工作的一大代表毛泽东与刘仁静分别时，嘱咐他：以后要多做实际上作。

领导早期青年团组织

中共一大以后，刘仁静在上海停留了几个月，协助宣传主任李达，开展宣传工作。1921年9月，他协助创办了人民出版社，这是中共建

① 陈潭秋：《第一次代表大会的回忆》，《“一大”前后》（二），人民出版社1980年版，第287页。

② 张国焘：《我的回忆》（第1册），现代史料编刊社1989年版，第139页。

党后最早成立的出版机构，主要任务是出版马克思主义著作。11 月，刘仁静回到北京后，在李大钊的指导下，与邓中夏、高君宇、罗章龙等人，公开成立北京大学马克思学说研究会，于 11 月 17 日在《北京大学日刊》上刊登《发起马克思学说研究会启事》，公开规约，征集会员，宣布研究会正式成立。该研究会对于提高革命青年马克思主义水平和传播马克思列宁主义，发挥了重要作用，并为北京党组织的发展，创造了有利的条件。

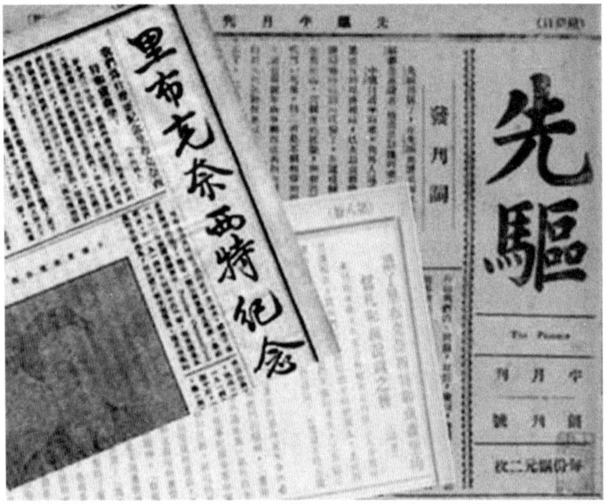
先驅
發刊詞
里布克奈西特纪念

刘仁静为《先驱》撰写的《发刊词》以及发表的文章

1921 年年底，刘仁静与邓中夏一起创办《先驱》，是第 1 号至第 3 号的主编。他高扬马克思列宁主义旗帜，将其基本理论联系中国革命的实践，撰写了一些文章，探索中国革命的基本规律。刘仁静为《先驱》撰写的《发刊词》指出：军阀武人之所以专横，“不是他们力量的强大，实是我们国民的力量薄弱，实由国民还未觉悟的结果。”“所以本刊的任务是努力唤醒国民的自觉”。本刊的使命之一，就是宣传“俄国革命的状况和革命以后的建设”，供我们中国进行革命运动的“参考”。① 这些认识在当时难能可贵。他在《先驱》创刊号上发表的《我们为什么要纪

① 参见《先驱》创刊号，1922 年 1 月 15 日。

念里布克奈西特和卢森堡？》《读了里布克奈西特和卢森堡的信札和演说词之后》二文，通过纪念国际无产阶级领袖，传播马克思主义。《先驱》还刊载文章批判了无政府主义、基尔特社会主义思潮，声明在各种社会主义中，只有马克思主义才是科学社会主义。《先驱》在出版第3号后收到当局的禁令，第4号开始转到上海继续出版，并成为团中央的机关刊物，由施存统主编，刘仁静仍继续为该刊撰稿，宣传革命思想。

1922年5月5日，在马克思诞辰104周年之际，刘仁静以“竞人”署名在《晨报》副刊发表《我们纪念马克斯的意义》和《俄国革命之马克斯主义的基础》两篇文章，尖锐批评乌托邦社会主义等各种非无产阶级社会主义流派的主张，指出马克思所主张的社会主义，“是由劳动阶级实现的，他的方法是组织劳动者，教育劳动者，引导劳动者向政治的斗争”[①]，深刻地阐述了马克思主义原理。

同年11月5日，共产国际第四次代表大会在俄国彼得格勒开幕，中共代表陈独秀、刘仁静出席这次会议。在会上，刘仁静见到了仰慕已久的列宁、托洛茨基，他承担起以中国共产党代表团的名义在大会上发言的任务。根据中共代表团的讨论意见．他用英文撰写《关于中国形势的报告》在大会上宣读。报告阐明了中国共产党关于中国革命的主张，明确指出：“要在中国消灭帝国主义，就必须建立反帝的统一战线，我们党根据这一原则，已决定和国民革命的政党即国民党建立统一战线，其形式是我们作为共产党员并以个人名义参加国民党”。[②]这是首次将中国共产党人加入国民党的问题公布于众，并阐明了中共党员加入国民党的目的和策略。这个发言说明刘仁静在与资产阶级建立革命统一战线方面的认识有了重大进步。发言很成功，被刊登在苏联各主流媒体上，托洛茨基单独接见了刘仁静，这使他受宠若惊。刘仁静同时又作为中国

① 竞人:《我们纪念马克斯的意义》,《晨报》副刊，1922年5月5日。

② 《“二大”和“三大”》，中国社会科学出版社1985年版，第132、133页。

社会主义青年团的代表出席了青年共产国际三大，会后他留在苏联参观学习。1923 年 4 月回国不久，刘仁静出席中共三大，汇报了出席共产国际四大的情况，并参与起草关于青年运动的决议。会议议决于 1923 年 8 月间召开中国社会主义青年团第二次全国代表大会。

此时的中国社会主义青年团还处于创建初期，存在着明显的不足。为了开好青年团二大，《先驱》自 16 号起（1923 年 2 月 1 日出版）连载施存统《本团的问题》，及陆续刊登一些讨论青年团工作和青年运动的文章。讨论焦点是当前青年运动“重点应是学生运动还是工人运动”，争论的观点集中于刘仁静和施存统在《先驱》发表的诸篇文章中。同年 8 月，青年团二大在南京召开，刘仁静在大会上作报告，介绍了青年共产国际关于各国青年运动的一般见解与主张，还积极参加了大会多项议程的讨论和多项决议案的起草。9 月，根据中共中央的意见，由刘仁静、林育南、恽代英、邓中夏组成青年团中央局，刘仁静任委员长。

刘仁静与团中央新班子上任后，采取措施努力改变团组织涣散的状况；还办了《团刊》，专门宣传党的方针政策，交流工作经验，密切上下联系，促进和加强地方团组织建设；改变过去偏重做学生运动的状况，积极面向青年工人开展工作；新办《中国青年》作为团中央机关刊物，取代原来的《先驱》。为了更好地指导中国青年团和青年运动的发展，刘仁静通过对国内政治、经济形势的分析和国际时局的看法，及时抓住当时政治形势中的突出问题，撰写了 14 篇文章。经过刘仁静等人近两个月的努力，团的工作打开了局面，青年运动面貌有了很大改观。

为了加强组织建设，刘仁静以团中央名义先后发布 12 号、21 号通告，要求各地团组织服从中央，但他在通告中强调了个人的作用，上海团地委指出通告中的错误是突出个人，要对他进行弹劾。刘仁静面对质问，被迫接受批评收回通告，但心里感到委屈。于是意气用事的刘仁静，开始四处奔走，找共产国际代表鲍罗廷，请教少共国际，了解其他各国的有关规定。刘仁静总觉得自己丧失了领导威信，今后无法工作。1924年3月，在团中央执委会第二次扩大会上，他提出了辞职请求，而且态度十分坚决。当时，与会者也看出了刘仁静辞职并无充足的理由，只是一股怨气而已，就一再做工作，让他放弃辞职的念头，可是，刘仁静坚持己见。4月间，刘仁静就以参加北大毕业考试为由，请假北上了，书记一职由任弼时接替。当时的北大，不论学生是否听课，只要考试合格就发给毕业证书，刘仁静因没有赶上考试，没有拿到毕业证书。这时，他又遇上了感情危机，接连遭受打击的刘仁静，再也没有了以往的激情与冲劲。

拜见托洛茨基 《声明》悔过

1926年秋，受党中央的派遣，刘仁静再次前往莫斯科，进了共产国际直属国际列宁主义学院学习，这是共产国际为培养各国党的高级干部而开办的一所国际高级党校。刘仁静在莫斯科学习期间，苏联党内正爆发斯大林与托洛茨基的矛盾，中国大革命的失败无疑又为这场矛盾斗争火上浇油，结果托洛茨基被开除党籍，不久又被政府驱逐出境。在斯大林与托洛茨基的斗争中，刘仁静站到了托洛茨基一边并卷进了这场斗争。这是因为在刘仁静看来，托洛茨基对中国大革命失败的原因分析较为中肯。而斯大林拒不承认自己领导的共产国际执委会在指导中国革命中有任何错误，把全部错误都推到陈独秀身上。刘仁静是亲身经历过中国大革命的，对陈独秀比较崇拜，认为大革命失败的责任不能完全推到陈独秀身上，共产国际应当负主要责任。刘仁静不顾托洛茨基分析中的片面性，把托洛茨基作为新的崇拜对象，认为托洛茨基主义才是真正的列宁主义，还研读并收集了他的不少论著。1929年4月，他在列宁学院学习结束，获得了共产国际的护照后，没有直接回国，也未向党组织作任何请示，自作主张绕道欧洲寻访托洛茨基。

托洛茨基流浪于欧洲各国，漂泊不定，居无定所。刘仁静从苏联启程后，经波兰、捷克、德国、罗马尼亚，到土耳其的伊斯坦布尔拜访了被放逐在那里的托洛茨基。为了会面方便，刘仁静住在托洛茨基住处附近的小旅馆内，每天早餐后去托洛茨基家，多半时间在他家吃午饭。约在一个月的时间中，每天上午他们俩人热烈交谈，下午一起在岛上散步或划船。临别前，托洛茨基口授，他儿子打字，为刘仁静写了一篇《中国目前政治形势和反对派（布尔什维克——列宁派）的任务》的文章，要刘仁静带回中国，这个纲领虽然在坚持反对帝国主义和蒋介石政权这个大前提方面是对的，但是在总体上，比此时共产国际对中国革命的指示更脱离中国革命的实际。托洛茨基将大革命失败后的中国社会性质视为资本主义性质，也不了解中国民族资产阶级有两面性，反对“任何时候”和资产阶级建立统一战线，只同意和小资产阶级建立统一战线。

刘仁静拿到这个提纲，如获至宝，兴奋地辞别了托洛茨基取道法国于1929年8月回到上海。中共中央派他昔日的引路人恽代英找他谈话，刘仁静不但不接受中央的意见，还公然以反对派立场批评党内的官僚化。不久，中共中央在《红旗日报》上刊出《给刘仁静的一封公开信》，限他必须在三天内交代访问托洛茨基的问题。刘仁静不听劝告，顽固坚持托派思想，继续从事托派活动，最终自行脱党被除名。在刘仁静回国之前，国内已先后成立了几个托派组织。刘仁静回国后，积极活动，组织了一些留俄学生，成立名为“十月社”的托派组织，出版托派刊物《十月》。同年底，刘仁静写信给托洛茨基汇报了中国托派组织活动的情况，托洛茨基回信认为应该把几个组织统一起来，以陈独秀为统一的领袖。

刘仁静按照托洛茨基的指示，调解托派组织之间的分歧和矛盾，

1931 年，几个托派组织终于统一，由陈独秀负责。虽然刘仁静与陈独秀以及托派组织站在一起，但他处处总是以“托洛茨基代表”“正统托派”自诩，从而引起了托派组织成员对他的反感。同年 5 月，中国托派组织统一大会在上海召开，陈独秀被选为中央总书记，刘仁静只被选为中央委员。1932 年，托派分子谢少珊被捕叛变，托派中央被国民党当局一网打尽。刘仁静为生活所迫，带着妻子到北京靠给美国记者伊罗生当翻译谋生。不久，刘仁静被国民党宪兵三团逮捕，押送到南京警备司令部。面对国民党的数次诱降，他表示今后靠翻译为生，不搞政治活动，1935 年 11 月被押送到苏州反省院。刘仁静思想言论和行为上的这些变化，为当时托派所不能容忍，纷纷骂他是叛徒，把他开除托派党籍。

1937 年 4 月，刘仁静被释放，先到上海，没有找到工作，再到武汉找陈独秀，陈独秀不理。又到重庆，靠留苏时的同学关系，在三青团宣传处当了科员，一两个月后，又辗转到西安，在胡宗南的“战时干部训练团第四团”教俄语和历史。接着，他担任陕西省教育厅编审，同时任《正报》的主笔，直到抗战结束。抗战胜利后，他到上海，在国民党《民主与统一》《前线日报》《时事新报晚刊》当主笔。1948 年受时任国民党中宣部副部长、《中央日报》总编陶希圣的邀请，在国民党政治研究室当了研究员并兼做国民党国防部镇江教导所的工作。此时的刘仁静已经完全投靠了国民党，在国民党报刊上发表了反共文章。

新中国成立后，刘仁静向中共中央组织部写了一份悔过材料。1950 年 12 月 31 日，《人民日报》刊登了《刘仁静的声明》。此后，刘仁静被安排在人民出版社工作，后被聘任为国务院参事。

1987 年 8 月 5 日清晨，刘仁静与往常一样持剑下楼，去对面的北京师范大学操场舞剑，被疾驰而来的一辆公共汽车撞倒，颅骨碎裂，当场死亡，终年 85 岁。他的骨灰安放在八宝山革命公墓。

参考文献：

［1］刘仁静:《回忆我在北大马克思学说研究会的情况》,《党史研究资料》1979 年第 16 期。

［2］中国人民政治协商会议应城市委员会文史资料研究委员会:《应城文史资料》第 2 辑，1988 年。

［3］田子渝、任武雄、李良明:《恽代英传记》，湖北人民出版社 1984 年版。

［4］刘威立:《刘仁静》，河北人民出版社 1997 年版。

［5］郭金云:《刘仁静其人》,《湖北档案》1987 年第 6 期。

［6］中共“一大”会址纪念馆，上海革命历史博物馆筹备处编:《上海革命史资料与研究》，上海古籍出版社 2012 年版。

包惠僧

包惠僧早年当记者的经历，使他认识到官场的腐败、社会的黑暗和不公，逐渐树立了改造社会的志向。一次偶然的采访，包惠僧结识了在武汉演讲的陈独秀，使他的人生发生重大转折。在陈独秀的循循教导下，包惠僧从苦闷、迷惘中醒悟过来，开始研究宣传马克思主义，参加武汉共产党早期组织，出席中共一大。1924 年，实现了第一次国共合作，包惠僧奉命前往广州，加入了国民党，担任黄埔军校政治部代主任和国民党二大代表。大革命失败以后，包惠僧极度悲观失望，看不到革命的前途，于是消极脱党。这样的人生抉择，最终使他的人生道路越走越黯淡。

倔强的孩子　勇敢冲击旧礼教

包惠僧

包惠僧，派名复贵，庠名道亨，号贵三，别号悔生，原名德芬，1895 年 1 月 15 日出生在湖北黄冈县东乡包家畈社庙湾一个农民家庭，是龙凤胎中的男孩。至于“惠僧”这个名字的来历，据说是他与董必武初识之后，董必武给他写信，将“悔生”写成了“惠僧”，他就索性改名。包家祖上都是农民，唯有父亲包存嘉曾读过书，做过几年九品小官——候补巡政司，但由于性情耿直火爆，很快就弃官归田。母亲杨春侠出身书香门第。包惠僧兄弟姐妹八人，他排行第三。在他出生的时候，父亲弃官务农，靠着20多亩耕地，全家生活尚可小康。然而随着时间的推移，家中不断添丁进口，加上豪绅欺压，父亲屡涉讼案，遂家道中落。

1900年包惠僧六岁时，到夏铺河陈氏私塾上学，塾师熊继昌为清国子监太学生。三年以后，包惠僧转到另一个私塾。他经常和同学们评论古人，争得面红耳赤，从不相让，有一次，硬是一石头砸破了同伴的头。

14岁那年，包惠僧参加黄冈县高等小学堂的入学考试，因考试成绩突出，获得了"钦奖禀贡生"的殊誉，在校读书的费用完全由官方负担，他读的是乙种实业科。这是他第一次离开闭塞的乡间，进到县城，那时正是辛亥革命的前夕，在城里，能接触到许多进步书刊，受到各种新思想的熏陶，民主主义思想在他心底萌芽。读书期间，包惠僧最崇拜孙中山和黄兴，同时还崇拜参加武昌起义的"黄冈四杰"吴昆、刘子通、熊十力、李四光等人。

1911年10月10日武昌首义，辛亥革命爆发，一个星期后，黄州在湖北全省率先光复，革命浪潮风起云涌，在包惠僧心里激起阵阵波澜。时局动荡不安，包惠僧返乡时恰逢重阳节。包氏族人聚集在祠堂里祭祖，祠堂正厅摆上了筵席。在族人共同祭祖的筵席上，豪绅们就座狂饮，穷苦族人站立两边，忍气吞声。虽然这条族规对包惠僧毫无约束，但是他对封建的旧礼教、豪绅的横行霸道十分愤慨，对贫苦百姓充满同情，按捺不住胸中愤怒，硬是要为不识字的穷人向房长讨个说法，遭到房长包泽梦的辱骂。包惠僧受不了这窝囊气，从门旮旯里抄起一条扁担就向包泽梦抡过去。包惠僧气势凶猛，几番下来，把神龛上的那尊祖宗牌位打落下来，裂成了两截，此时，众族人纷纷围了过来。包惠僧又左右开弓，杀出一条通道。闯下大祸后，包惠僧在族兄包复炤的帮助下，孤身踏上了背井离乡闯荡江湖的谋生之路。

包惠僧一口气跑到黄州，随即乘船到了武昌。这场意外闯下的大祸，竟成为他人生道路上的一个重要转折。

“雷”“鸣” 助推武汉五四运动

第一次来到武昌，一切都十分新鲜，但举目无亲，生计如何着落，包惠僧很是发愁。一天，他在茶馆里结识了来喝茶的省教育司司长姚晋圻。通过攀谈，姚得知包惠僧的处境，便让他报考湖北省立第一师范学校，并给校长刘文清写了一封推荐信。1912 年，包惠僧以优异的成绩被湖北省立一师录取。师范生的膳宿、书籍、制服均可官费，包惠僧在这里度过了五年安定的读书生涯。毕业后，包惠僧找工作四处碰壁，通过刘校长，被勉强留在一师附小担任书记，每月只拿半薪。干了一个学期后，他回到家乡托人进了附近上巴河小学担任教员。上巴河小学的校务完全由当地豪绅把持，性格耿直的他在一次校务会议上，指着他们的鼻子大骂，被逐出学校。在家闲居的包惠僧在包氏宗族修改家谱的大会上，因看不惯包氏豪绅的一些做法，当众骂了他们，触怒了这些豪绅，只得再次逃到武昌。

起初，他日日为求职奔走，苦闷彷徨之极，后来遇到一个做报人的老乡，深受启发，开始试探着给《大汉报》《汉口新闻报》等报纸写稿。在采访中，包惠僧逐渐看到军阀的腐败、社会的黑暗，从而树立了改造社会的志向。他不再把手中的笔仅作为谋生的工具，而要把它变成揭露黑暗、改造社会的武器。他以“鸣”或“雷”作为署名，其意就是要震撼一下死气沉沉的社会，用雷电轰鸣，撞出一个缺口，逐渐扩大，以便展现出一个新世界。1919 年年初，包惠僧终于得到了《汉口新闻报》和《大汉报》等报馆的特约外勤记者证。

同年春，他去北京，在北大中国文学系做旁听生，积极参加陈独秀、胡适、蔡元培等人领导的新文化运动。五四运动爆发之前，包惠僧对当时欧战后的国际形势、国内的南北和谈已经有所关注。五四学生示威游行在北京爆发后，5月6日，《汉口新闻报》和《大汉报》在武汉首先报道了这一消息，对武汉的学生运动起到了发动的作用。5月7日，武汉掀起了以武昌私立中华大学学生为先导的爱国运动。从5月10日到7月20日，包惠僧在《汉口新闻报》《大汉报》《汉口中西报》上共发表各种消息报道82篇，其中与五四运动有关的消息有49篇，37篇集中在5月17日到6月16日之间。包惠僧以记者身份对学生运动的各方面情况作了大量有倾向性的详细报道和评论，有意识地运用媒体的平台和力量，推动学生运动发展。

从报道内容看，包惠僧的报道重心放在武汉学界方面。他率先报道武汉学界发出的通电和散发的传单，及时向社会各界传达学生的爱国主张，还详细报道了武汉学生联合会成立大会及其发起组织的游行示威、请愿罢课等活动。包惠僧还很重视对武汉各界抵制日货、提倡国货的运动进行报道，多次报道武汉各校学生组织营业部贩卖国货事。在报道中还有不少评论，表达了他实业救国的思想。他报道官厅对学生运动的压制和学生的反抗，爱国之情诉诸报端。随着武汉学生运动逐步走向低潮，包惠僧的报道重点也逐渐转移。但他依然关注着武汉五四运动的后续消息，七八月依然时有这方面的报道。

1919年11月16日福州惨案发生后，全国各地再掀爱国热潮，武汉学生产即响应。包惠僧在同年12月，刊发相关报道近20篇，通过报导不仅让学生的爱国行动广为人知，而且助推爱国运动的开展。包惠僧一直关注武汉教育界的动态，运用自己的记者身份和媒体平台，对学生的进步行动给予支持。1920年五四运动一周年前夕，武汉学生又筹谋举行纪念五四运动一周年活动，包惠僧对此也进行了跟踪报道。包惠僧以记者身份所作的大量有选择性、倾向性的报道，显示了他对国家的热爱和对民族命运的忧患，对帝国主义、封建军阀的愤恨和对劳动人民痛苦生活的深深同情。

结识陈独秀 担任武汉党团书记

1919 年冬，包惠僧与刚从武昌高等师范学校毕业，同住在一家客栈的陈潭秋相识。他俩都是《大汉报》《汉口新闻报》的外勤记者。这时，政府和报馆相互勾结起来，披露社会阴暗面的稿约越来越难以刊发，靠稿费生活的包惠僧为了能得到外地的新闻，于 1920 年初又去了北京，整日在大街小巷奔忙。1 月 29 日，包惠僧听说天津的学生正在罢课闹学潮，便立即乘火车赶到天津。采访了天津学生运动的领袖周恩来，从此开始了两人之间的友谊。2 月 5 日，他又风尘仆仆赶回武汉，得知《新青年》杂志主编、北大教授陈独秀到武汉讲学来了。包惠僧对陈独秀仰慕已久，在北大中文系旁听的时候，陈独秀是文科学长。他赞赏陈独秀关于文学革命的主张，决定马上去采访。他们在一起谈五四运动、火烧赵家楼、反封建、婚姻自由等问题。陈独秀还指导包惠僧读书、做人做事。陈独秀临行前，包惠僧又一次去采访了他，并见到了一位名叫郑凯卿的文华大学的校工，是学校安排专门服侍陈独秀的。陈独秀告诉包惠僧，他已委托郑凯卿调查武汉地区的工人情况，想请包惠僧协助一下，包惠僧答应一定全力相助。之后，包惠僧细读了《国民新报》刊登的陈独秀的每篇讲演词，对《社会改造的方法与信仰》尤其感兴趣。

这两次极不寻常的见面和采访，改变了包惠僧的人生方向，对他接下来的人生抉择起了关键作用。他按照陈独秀的指引，投身社会改造，参加革命活动，对马克思主义产生了浓厚兴趣。

几年的记者生涯，包惠僧几乎跑遍了武汉三镇的大街小巷，看到的是洋人的飞扬跋扈、军阀的横行霸道，听到的是劳苦大众痛苦的呻吟。他感到这个世道太黑暗了！他要一个自由的天地、光明的世界！可是，路在哪里呢？这年秋，一位担任过国会议员的同乡族人包彦臣，与刘伯垂一起从上海回到武汉。包彦臣见包惠僧是搞新闻的，就告诉他，刘伯垂回来打算办报纸或杂志，要他去帮刘伯垂。

过了一个多星期，刘伯垂找到包惠僧，先将陈独秀写的一封信交给了他，希望他联系一些人在武汉创建共产党早期组织。接着刘伯垂又去找了郑凯卿。与此同时，湖北潜江人、上海共产党早期组织成员李汉俊也从上海寄给董必武一封信函，希望董必武在武汉建立共产党。随后，李汉俊也回到家乡，协助董必武开展工作。董必武首先与此时正在武汉中学任英语教员的陈潭秋商量，接着又与张国恩联系。不久，董必武又在武汉中学联系了一位教员赵子健。

1920 年 10 月，包惠僧与董必武、陈潭秋、刘伯垂、张国恩、郑凯卿、赵子健聚集在蛇山北麓的抚院街 97 号董必武和张国恩合办的律师事务所举行会议，成立武汉共产党早期组织，会议选举包惠僧为书记。后来，有人问包惠僧为什么选他当负责人，包惠僧说，是因为其他的人都有固定的工作，而他是一个不受约束的特约记者，活动比较方便。当然，与陈独秀对他的赏识和他自己的热情积极也有关系。

根据上海共产党早期组织的建议，包惠僧积极介绍利群书社的恽代英、林育南等人加入了武汉共产党早期组织。作为武汉共产党早期组织成员，包惠僧深感自己马克思主义的书籍读得太少，所以领导武汉党组织成员安排很多时间用来读书，收获很大。同时，他觉得工人运动是工作的重点，讨论拟订了一个武汉工人运动计划，决定先从调查入手，于是大家分头跑了几个工厂。包惠僧完成了上次陈独秀要他协助郑凯卿调查武汉工人状况的任务。不久，《新青年》第8卷第1号刊登了署名“文华大学学生”的调查报告《武昌五局工人状况》。包惠僧又在对一些工厂进行调查的基础上，写了一篇《我对于武汉劳动界的调查和感想》，于1921年4月9日发表在上海《民国日报》《觉悟》副刊上。他们还成立了一个以学习、研究、传播马克思主义为己任的公开团体马克思学说研究会。这年11月，武昌社会主义青年团成立大会在武汉中学召开，这是一个以“研究社会主义、实践社会主义思想”为宗旨的半公开团体，包惠僧被推举为武昌社会主义青年团的第一任书记。武昌社会主义青年团每星期开一次会，并与北京、天津、上海、广州等地的青年团组织保持联系，互相通报、交流经验。包惠僧等人还为青年学生组织各种讲演会、报告会，讲述马克思、列宁的生平和学说，介绍俄国十月革命的经验。各大中学校也相继成立团支部，组织青年学生学习马列著作和阅读进步刊物。

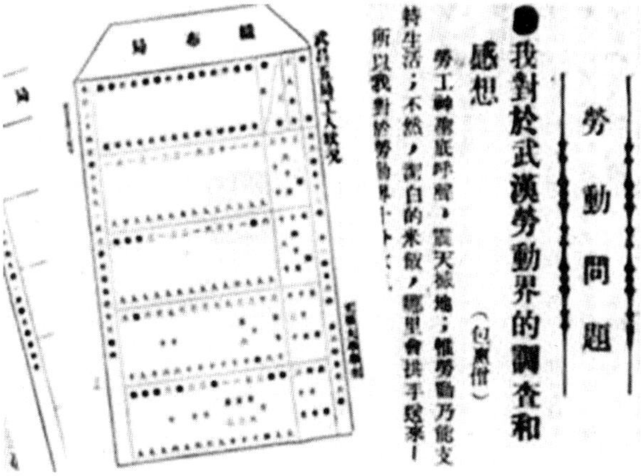

包惠僧发表的部分文章

沪穗之行　出席建党大会

不久，李汉俊介绍共产国际代表马迈耶夫夫妇前往武汉协助工作，帮助组建一所外国语学校，但学校没有建成。分别时，马迈耶夫夫妇鼓励包惠僧、陈潭秋去莫斯科留学。为把自己锻炼成一个好的干部，包惠僧决定去苏俄留学。他把工作交给陈潭秋，于1921年1月到上海，由于缺少路费而滞留上海。上海共产党早期组织代理书记李汉俊执意要包惠僧留沪工作，让他就任共产党教育委员会主任，专事负责选派优秀青年赴莫斯科留学事务。同年4月，包惠僧挑选了刘少奇、萧劲光等一批先进青年赴苏俄留学。春夏之交，包惠僧受李汉俊指派，赴广州向陈独秀汇报工作，“要么请陈独秀回来，要么把党的机构搬到广州去”。包惠僧到广州后，请回陈独秀的任务没有完成，自己却跟陈独秀一起参加了广州共产党早期组织的活动，而且担任了由广州共产党早期组织创办、陈公博任总编辑的《广东群报》的编辑，迅速扩大了共产党在广州的社会影响。

在广州，包惠僧没事就到陈独秀处去谈天，交流思想，俩人几乎天天见面，彼此性情相投，他们之间的友谊就是这段时间建立起来的。包惠僧认为陈独秀不讲假话，为人正直，爱说笑话，学识渊博，热心助人。后来，包惠僧回忆与陈独秀的关系时说，“我是读书人，他好比是书箱子，在学问上我受他不少影响，他俨然是我的老师，每次谈话都如同他给我上课，我总是很认真地思考他的话”。[①] 当时，陈独秀是被陈炯明请到广州的，在广州办了许多学校和宣传员养成所，还安排包惠僧在宣传员养成所当监事，但包惠僧没有到任。陈独秀让包惠僧将来回湖北后也按他的样子去做。

1921年6月，马林、尼科尔斯基跟李达、李汉俊秘密见面。这时，已由李达代理上海共产党早期组织书记。马林听完李达和李汉俊的汇报，建议马上召开中国共产党全国代表大会，正式成立全国性的组织。

---

① 《党史研究资料》1979年第1至9期，第49页。

此后，便由李达和李汉俊分头给各地共产党早期组织写信要求各派两名代表去上海开会，陈独秀收到李汉俊的来信和汇款后，召集广州共产党早期组织成员举行了一次推举代表的会议。陈独秀建议派陈公博和包惠僧两人去出席会议。于是，包惠僧登上了直达上海的海轮，7 月 20 日，到达上海，在法租界霞飞路新渔阳里 6 号住了一晚。次日搬到博文女校，和周佛海住同一个房间。早在半年前，包惠僧到上海参加过上海共产党早期组织的一些活动，对上海的情况比较熟悉，便以半客半主的身份，做一些会务工作。

1921 年 7 月 23 日，中国共产党第一次全国代表大会在上海举行。会上，包惠僧就共产党的宣言、共产党领导下的工人运动及对孙中山、国民党的政策等问题发表了自己的看法。7 月 30 日晚，据包惠僧回忆，仍在原地、原时间开会，“马林和李克诺斯基也参加了。宣布开会不到半点钟的时候，突然有个穿灰色竹布长褂的一个陌生面目的人跑上楼来把门帘揭开，一只脚跨进门内，就进到了我们的会场说一句：‘对不起我走错了’忙匆匆地就走了。马林很机警地问这是什么人？都说不认识。马林说：‘一定是个包打听，我们即刻解散。’在一分钟内我们都从前门走了。”① 包惠僧和其他代表走出大门后，没有回到住处博文女校，因为他们担心那里已被密探监视。他们拐弯抹角地绕道来到老渔阳里 2 号，《新青年》杂志编辑部兼李达夫妇和陈独秀的妻子高君曼的住处。大家坐等了两个小时后，张国焘让包惠僧到李汉俊家看看情况。“当时我是一个没有经验的人，就冒冒失失地跑到树德里 30 号李汉俊的家……我就轻轻地推门进去，走到楼梯的中间”②，看见李汉俊。李汉俊把巡捕搜查的情况讲了一遍。

① 中国社会科学院现代史研究室、中国革命博物馆党史研究室选编:《“一大”前后》（二），人民出版社 1980 年版，第 305 页。

② 寿剑刚主编，中共嘉兴市委党史研究室、南湖革命纪念馆编:《中国共产党的诞生》，浙江大学出版社 2001 年，第 58—59 页。

中共一大结束后，马林派包惠僧去广州，动员陈独秀返沪主持中央局工作。陈独秀这时正和广东的军阀闹得不愉快，就答应了回上海。一路上，俩人以同志的身份对于党成立初期的发展和工作进行了一次深入的交流和探讨，陈独秀的思维和言谈，深刻有力，年轻的包惠僧又一次被陈独秀的个人魅力所折服。

投身工人运动　任职黄埔军校

包惠僧回到武汉，担任中共武汉区执行委员会书记兼中国劳动组合书记部武汉分部主任。他与张国焘、李启汉等创办《劳动周刊》，除当编辑外还负责收件与发行工作。按照中共中央指示，武汉区委的工作除发展党的组织以外，重点放在组织发动工人运动上。包惠僧、陈潭秋、黄负生等开始在工人中开展工作，组织工人进行斗争。1921 年 12 月，汉口租界人力车夫反对老板增加车租的同盟罢工爆发。得到消息后，包惠僧立即召集区委和劳动组合武汉分部召开会议，决定全力以赴领导好这次罢工。郑凯卿化装成人力车工人先去调查情况，然后指导罢工工人成立车夫同业公会，提出取消加租议案、准车夫成立车夫工会、将车租减为 600 文等罢工要求，随后，组织工人多次集会抗议。12 月 7 日，车夫同业公会以 6000 余名工人组成“租界人力车夫乞讨团”，组队向租界游行示威，得到社会各界同情和支持。慑于工人的坚决斗争和社会舆论的强大压力，车行老板不得不同意谈判。谈判桌上，施洋律师作为罢工工人的代理人，义正词严，据理力争，罢工最终取得胜利。接着，武汉区委继续深入工人群众，帮助筹建工会，在工人中发展党员，组织成立了粤汉铁路工人俱乐部、京汉铁路江岸工人俱乐部，指导了陇海铁路罢工、筹备成立京汉铁路总工会等一系列工作。

1922 年秋，毛泽东遭到湖南军阀政府通缉，避居武昌黄土坡，在中共武汉区委员会委员长包惠僧办公兼住处住了 20 余日。他们朝夕相处，十分融洽，包惠僧给毛泽东留下了深刻印象。

毛泽东回湘后包惠僧便去北京，由李大钊介绍，到北洋政府交通部秘密从事党的工作，被选为中共北京区委委员兼秘书长，还兼北京《宪报》总编辑。任职期间，包惠僧利用职务的便利，以开展调查为由，跑遍了京汉铁路沿线各站各厂。每到一处，他就和工人们打成一片，吃住在一起，了解工人的生活和工作情况，倾听工人的要求，帮助工人调解劳资矛盾和内部纠纷，解决他们生活中的具体困难，得到了工人的信任、理解与帮助。他在京工作的 11 个月里，继江岸工人俱乐部和郑州工人俱乐部的成立，江岸以北的广水、信阳、驻马店、郾城、许昌各站的工人俱乐部也陆续成立。郑州以北、长辛店以南各站也在发动组织中。全路工人较多的车站，如江岸、广水、信阳、驻马店、郾城、许昌、郑州、新乡、彰德、正定、保定、高碑店、琉璃河、长辛店、北京等 16 个站，经过半年多的筹备，都成立了工会，其他各较小的站，也组织了工会小组或工会委员会。①

1923 年 2 月 1 日，经过半年多的筹备，京汉铁路各段各站各厂的工人差不多都组织了起来，召开京汉铁路总工会成立大会的时机成熟，会址定在郑州。但是，这一行动受到军阀的镇压，工人代表与军阀当局交涉六天未果。2 月 7 日，整个京汉铁路工人罢工被军阀武力镇压，12 小时内，共牺牲 40 余人，被捕百余人，负伤 500 余人，近千失业流亡。

二七惨案发生后，包惠僧以“鼓动工潮”罪遭到军阀通缉。中央为整顿武汉的党务工作和工会工作，决定调包惠僧回武汉。由于当时北京的工作刚刚起步，加之其爱人在唐山工作，且即将分娩，包惠僧不想回武汉。在李大钊的耐心劝说下，他服从组织安排，南下途中，得到

① 参见中共北京市委党史研究室编:《中共北京党史人物传》(第七卷)，中共党史出版社 2002 年版，第 55 页。

武汉支部遭敌人破坏、刘伯垂被逮捕的消息，立刻坐船去了上海。由于广州需要人参加改组后的国民党工作，1924 年 5 月，包惠僧被派去广州参加国民党中央党部工作，自此开始以双重党籍的身份开展革命活动。

1925 年 2 月 1 日，为平定陈炯明叛乱，广东革命政府派黄埔军校政治部主任周恩来率军校学生军举师东征，任命包惠僧为代理军校政治部主任。6 月，黄埔的留校生参加了粉碎“杨刘叛乱”的行动。平定叛乱后，军校学生全部回校复课，周恩来调国民革命军第一师任党代表，于是整个黄埔军校的政治工作全部由包惠僧负责。中山舰事件后，包惠僧的二十师党代表的职务被解除。不久，周恩来办了一个训练班，专门训练从国民革命军第一军撤出的共产党人，包惠僧任政治教官。北伐军占领武汉后，包惠僧前往武汉，参与筹建黄埔军校武汉分校，同时任黄埔军校高级政治训练班主任、武汉新闻检查委员会主席和武汉中央军事政治学校筹备主任。

1927 年 1 月，包惠僧受邓演达指派，出任独立十四师党代表兼政治部主任，十四师师长是夏斗寅。不久邓演达率部进入河南继续北伐，夏斗寅的部队被调到宜昌，以防川军趁机沿江杀出。为此，包惠僧尽力为夏斗寅的部队争取了许多补助，发放了一大批枪支弹药，夏斗寅虽对包惠僧十分感激，但暗中却同蒋介石进行了电报联络，这让中共包括在武汉的国民党左派非常气愤。蒋介石发动四一二反革命政变后，夏斗寅擅自将部队移防沙市，川军杨森部马上占领了宜昌，严重威胁武汉的安全。邓演达立即派包惠僧去做夏斗寅的工作，谁知夏斗寅不但不听劝阻，反而围攻武汉，后来干脆投靠了蒋介石。为此，中共中央认为夏斗寅叛变，是因为包惠僧的政治工作没做好，违反了党的政治纪律，决定给他留党察看两年的处分，从此他变得悲观消沉起来。

栖身国民党　“交待”悔过

1927 年 5 月，马日事变爆发，大革命中心武汉的革命形势迅疾恶化，7 月 15 日，汪精卫也开始反共“清共”，轰轰烈烈的大革命失败。

中共中央决定用武装起义的方式挽救革命，起义地点选在南昌，周恩来被中央任命为起义前敌委员会书记。他指示包惠僧到南昌待命，包惠僧抱病立即前往南昌，准备创办《前敌日报》，宣传中共领导的武装起义，以振奋士气。8 月 1 日南昌起义爆发，短暂胜利后，由于敌强我弱，起义军被迫很快撤出南昌南下。这时包惠僧正生病，他向周恩来请求暂留南昌养病。周恩来同意并给他写了介绍信，要他病愈后到武汉找中共组织。

此时，全国各地特别是长江沿岸各大城市，一片白色恐怖，武汉三镇更是血雨腥风。包惠僧在南昌表兄家躲了 50 天左右，化了装由九江搭船回家乡黄冈，因黄冈风声很紧，又躲到妻子娘家江苏高邮，住了两个多月。当地国民党县党部与土豪劣绅也开始缉拿共产党员和农会人员，包惠僧不得不离开高邮，去上海躲避，哪知上海情况更混乱险恶。包惠僧再次站在人生的十字路口。这时已经辗转去香港的周恩来派上海党组织找他参加工作，他躲避敷衍。在国民党白色恐怖之下，他已经对中国革命的前途完全失去了信心，最终作出放弃信仰，退出中共的人生抉择。

为了生活，包惠僧卖文为生，帮助贺耀祖办《现代中国》杂志，后到国民党湖北省主席何成濬幕下任参议。1931 年，借助他与蒋介石在黄埔共过事这层关系，担任蒋中正陆海空总司令的参议。九一八事变后，蒋介石任军事委员会委员长，任命他为军委会秘书兼中央军校政治教官。他在国民革命军内官阶为中将，也算高级将领却没实权，只相当于幕僚角色。因包惠僧曾是共产党员，国民党并不信任他，1936 年，包惠僧由军界退役，转任文官出任内政部参事，主管审核撰拟法令规章及有关计划方案。1938 年，他被提升为首席参事，任参事处总核稿。

抗战期间，包惠僧随国民党政府迁到重庆，当时陈独秀也辗转来到四川江津。1942 年春，包惠僧不顾道路艰难，前去探望贫病交加的陈独秀。不久，陈独秀病逝，包惠僧是给他送终的唯一好友。1944 年 2 月，包惠僧担任内政部户政司司长。1947 年 5 月，包惠僧改任南京国民政府的人口局长、户政司长。

1948 年底，中国人民解放战争已取得了战略上的决定性胜利，蒋介石政权处于风雨飘摇之中，国统区一片混乱。置身于紧张局势中的包惠僧，便申请遣散，带着家眷逃到澳门。1949 年 10 月，收音机传来毛泽东在天安门城楼上讲话的声音，报纸上登着毛泽东、朱德、刘少奇、周恩来、董必武的照片，包惠僧百感交集，彻夜难眠。台北他不想去，北京他不敢去。他整日左思右想，想给自己寻找一条出路，他想到了周恩来。周恩来接到他电报后，让包惠僧全家从澳门搬回内地，并对包惠僧说："你过去不是一个普通的共产党员，你对党要有个交代。"包惠僧回去后，写了一篇长文，郑重检讨了自己在大革命中立场不坚定，脱离革命，投靠蒋介石的错误，认为自己"罪不可赦"。他的"交代"上报后，毛泽东、周恩来等人都认为符合实际，同意他重新回到革命队伍中来。

1950 年，按周恩来的指示，包惠僧到华北人民革命大学政治研究院学习，毕业后被分配到内务部研究室任研究员。此后，他以"栖梧老人"为笔名写了一些回忆文章。"文化大革命"中，他受到较大的冲击，害怕受牵连，把精心装裱、珍藏了 40 多年的陈独秀写给他的 100 多封信付之一炬。

1979 年，包惠僧走完了他 85 岁的人生路程，离开了人世。

包惠僧很早就投身革命，前途本来是光明的，可是一念之差，让他走上了人生歧路，造就了另一种人生。包惠僧曲折多变的人生历程，看似命运的捉弄，但也并非偶然，崇高理想、坚定信念才是人生抉择的坚实支撑。

参考文献：

[1]《包惠僧回忆录》，人民出版社 1983 年版。

[2] 方城：《包惠僧》，河北人民出版社 1997 年版。

[3] 包惠僧：《党的一大前后》，《"一大"前后》（二），人民出版社 1980 年版。

[4] 陈潭秋：《第一次代表大会的回忆》，《共产国际》1936 年，第 4—5 页。

[5] 苗体君、窦春芳：《包惠僧其人其事》，《党史纵览》2006 年第 2 期。

投敌叛党　丧志变节

中共一大代表中，张国焘、陈公博、周佛海的人生抉择发生了一百八十度的大转向，令人唏嘘。主持过一大会议的张国焘，曾任党和军队重要领导职务，在长征途中，野心膨胀另立“中央”，直至叛党投敌。陈公博、周佛海在中共一大之后就与党离心离德，不久脱党，两人随后加入国民党；抗战期间，两人沦为汪伪政权的二号、三号大汉奸，成为历史罪人。

张国焘

从五四时期领导学生运动到接受马克思主义，为建党奔走，再到统帅红四方面军，张国焘算得上是一个叱咤风云的人物。由于缺乏坚韧的意志，他被捕变节；肃反中制造冤案无数；长征中拥兵自重，另立“中央”；直到投靠国民党，成为叛党出逃的军统特务。张国焘 20 年革命，40 年反共，人生起伏之巨，留给人们许多思考和启示。

五四运动学生领袖

张国焘，字恺荫，又名特立，1897 年 11 月 14 日出生在江西省萍乡县上栗市梽木山一个官绅之家。祖父为清例贡生，诰封奉直大夫，父亲张勓庄，县试第一，省试拔贡。1905 年清廷宣布废除科举制度，父亲顺应时势，转入浙江法政专门学校学习。曾出任浙江省象山县知事，大革命时期，当过九江地方检察厅厅长，后又在南昌市政处任秘书主任。张国焘在六兄妹中排行第一，有三个弟弟。大弟张国燕，早年病逝。二弟张国庶，1925 年加入中国共产党，1930 年春任中共江西省委书记，由于叛徒告密，于同年 5 月被捕牺牲，年仅 26 岁。三弟张国杰在家务农。

童年张国焘过着不愁吃穿的生活。三四岁起，父母就教他《三字经》《百家姓》。1905 年，九岁的张国焘离家去上栗市父亲的朋友廖石溪办的私塾读书。这时，他的家乡爆发了反清的洪江会起义，起义席卷了几个县，张国焘耳闻目睹革命的惨烈，印象很深。1908 年春，张国焘入读距家近百里的萍乡县立小学堂。随着年龄的增长，他开始知道拿破仑、华盛顿、牛顿、瓦特和卢梭等西方的名人和一些有关变法维新、革命排满的消息。1911 年 10 月，辛亥革命的风暴迅速席卷了全国，11 月 3 日，萍乡也爆发起义。张家的一帮年轻人全部剪掉了辫子，革命的浪潮冲进了这个古老守旧的封建家庭。

张国焘

1912 年 3 月，张国焘进入萍乡县立中学。这时，革命派领袖黄兴光临萍乡县城，在县立中学发表演说，成了张国焘心目中的英雄。1914 年，张国焘因替违纪的同学辩护，受到舍监开除学籍的威胁。出于义愤，他离开萍乡中学，转读于南昌心远中学。心远中学注重科学和英文，在这里，他第一次读到了《天演论》，被书中阐述的进化观点所吸引。正是从那时起，张国焘“越过了攻读经书的范围，开始来敲近代知识的大门”。[①] 次年夏，袁世凯接受日本帝国主义提出的灭亡中国的“二十一条”消息传到南昌，张国焘和同学们一起结伴上街，向市民宣传反日，抵制日货，爱国之心在张国焘心底萌发。

1916 年 10 月，张国焘考入北京大学理工预科。当时，这所培养了许多京官的大学堂，仍然因循守旧，死气沉沉。1917 年 1 月蔡元培任北大校长后，面貌焕然一新。《新青年》倡导的民主和科学的新思潮在北大学生中广为流传。张国焘在学习功课之余，如饥似渴地寻求着各种新知识和新思想。1918 年 5 月，段祺瑞和日本政府秘密订立了“共同防敌”的军事协定，为日本帝国主义出兵侵占东三省北部及中东铁路提供了条约依据。5 月 21 日，北大、高师、工业专门等学校的进步学生约 2000 人和少数天津学生代表结队前往总统府请愿，张国焘生平第一次参加了反日爱国请愿行动。

之后，他加入北大学生救国会，成为《国民》杂志社总务股的干事。1919 年 3 月，张国焘与邓中夏、罗章龙等一起组织了北京大学平民教育讲演团。他们设计了丰富多彩的题目和内容，走上街头，进入工厂，还深入到海淀、卢沟桥、丰台、长辛店、通县等地区，向群众进行爱国主义宣传。在此期间，他既与提倡社会主义的李大钊接触频繁，又与无政府主义者和“新潮社”等保持着密切联系，因而成了北大学生中最活跃的分子之一。

---

① 张国焘:《我的回忆》第 1 册，现代史料编刊社 1989 年版，第 30 页。

1919年5月初，中国政府在巴黎和会上外交失败的消息传到京城。5月3日，北大和各校学生代表在西斋饭厅召开紧急会议，讨论对付的办法，张国焘在会上发表了演说。当晚7时，北大全体学生及12所中等以上学校学生代表在北大三院召开大会，决定次日齐集天安门举行集会游行。5月4日中午，北京十几所中等以上学校学生3000多人，挥舞小旗，高举标语牌，上写“还我青岛”“外争主权，内除国贼”“废除二十一条”等字样，冲破警察阻拦，汇集到天安门游行示威，沿途散发传单，高呼口号，队伍行进到赵家楼胡同曹汝霖的住宅，痛打了正在曹宅的章宗祥，并火烧了曹宅。

在运动中，张国焘与邓中夏、黄日葵、高君宇等人起了核心领导作用。5月5日，北大学生干事会和北京学生联合会成立，张国焘当选为北大学生会干事和北京学联讲演部长。对于手无寸铁的学生来说，最能表达自己爱国情怀和最能唤起民众的方法，就是上街讲演。张国焘带领同学分赴市内街头巷尾，展开大规模的宣传讲演活动，还带队到长辛店，向工人们演讲。对上街讲演的学生，军警采取殴打和捉拿的办法，想以此扼杀学生运动。6月2日，张国焘一行不顾政府禁令，高举旗帜，在街头继续讲演，被军警逮捕。消息传出，学生们愤怒异常。次日，各路学生大举出动，继续街头讲演，当晚，170余名学生被捕。4日，又有700多名学生被捕，5日走上街头讲演的学生约有5000人。被捕的学生太多了，北大理科楼房外又挂起了“学生第二监狱”的牌子。军阀政府对学生的大逮捕激怒了全国各阶层群众。以上海工人罢工为标志，全国各地爆发了大规模的“三罢”斗争。迫于压力，北洋政府不得不下令释放被捕学生，6月8日，张国焘等人被用汽车送回学校。

出狱后，张国焘代表北京学联赴上海参加全国学联成立大会。而此时，陈独秀及北京学联的一些重要负责人被北洋政府逮捕。7月初，张国焘回京主持学联工作，担任北京学联主席，不久又担任了北大学生会总务部主任兼评议部主席。在营救工作中，张国焘指导内部工作，负责对外联络，还得到李大钊的关怀和支持，最终，陈独秀和被捕学生被无罪释放。

南陈北李的联络人

五四以后，张国焘不仅每星期参加一次平民讲演团的演讲活动，而且还加入由邓中夏等人组织的新生活试验团体——曦园。1919 年底，张国焘被当局列入黑名单，为了躲避警察的逮捕，张国焘不得不转移上海。此次上海之行，对于他的人生抉择至关重要。

在上海，张国焘接触到当时中国政治舞台上的许多风云人物：张东荪、梁启超、胡汉民、汪精卫、廖仲恺、戴季陶等。他还拜见过孙中山。1920 年 3 月初，他被聘为“中华全国工业联合协会”的总干事，本欲在工作中大显身手，但到任之后发现，该协会组织涣散、人浮于事、求名而不务实，这使他大失所望。与此同时，张国焘从许德珩那里得知陈独秀在上海的住处，于是有了与陈多次接触的机会。当时陈独秀的“上海工读互助团”正召开筹备会，张国焘看到了陈独秀与李汉俊、沈玄庐、戴季陶等人的密切往来，聆听了陈独秀关于实行彻底革命以推翻军阀，只有走俄国人的路才有出路的讲话，他对自己的人生抉择已经有了大致的设想。

5 月初，张国焘辞去协会总干事一职，返回北大。不久，他加入北大马克思学说研究会，开始比较系统地学习马克思主义著作和介绍社会主义思想的书籍。在李大钊的热心指导下，他阅读了《马格斯资本论入门》《政治经济学批判》《哲学的贫困》《家庭、私有制和国家的起源》以及其他有关社会主义运动的书籍，参加了各种研讨会，对“唯物史观”“共产主义”“阶级斗争”等新鲜名词开始有所理解。

7月上旬，为躲避战乱，张国焘前往上海。临行前，李大钊嘱咐他到上海后与陈独秀面谈建党事宜。在上海，张国焘应邀住在陈家。当时，陈独秀在维经斯基指导下正在创建上海共产党早期组织。张国焘有机会了解陈独秀的建党思想和对中国革命的独到见解，决定追随陈独秀、李大钊从事共产主义运动。之后，张国焘奔走于陈独秀、李大钊之间，成为南陈北李相约建党的主要联络人。

同年10月，李大钊、张申府、张国焘三人，在李大钊的办公室决定成立北京共产党早期组织。张申府不久赴法任教。当时一些无政府主义者，被吸收为共产党员，张国焘又发展了刘仁静、罗章龙。北京共产党早期组织的工作刚刚起步，小组内部的无政府主义者和共产主义者之间就发生了严重分歧。无政府主义者反对党的纪律，反对无产阶级专政，认为政府是一切罪恶的根源。经过激烈的争论，无政府主义者除陈德荣外，都退出了北京党组织。不久，邓中夏、高君宇、何孟雄、缪伯英等一批优秀的青年陆续加入了北京党组织。年底，北京共产党早期组织召开会议决定成立“共产党北京支部”，李大钊为书记，张国焘负责组织工作，罗章龙负责宣传工作，主编《劳动音》杂志。在李大钊的支持下，同年11月，北京社会主义青年团召开成立大会，张国焘致开幕词。在1921年3月北京社会主义青年团第四次大会上，张国焘被选为书记。

长辛店是京汉铁路北段工人比较集中的地区。五四运动期间，张国焘曾随平民教育讲演团来此讲演，北京共产党早期组织刚成立，张国焘、邓中夏等人就来到长辛店工人中间。张国焘提议以办学作为接近工人、发动工人的方式，得到大家的赞同。筹备长辛店劳动补习学校最大的难题是办学经费，李大钊将自己每月的捐献增加到100多元，张国焘也从自己的生活费中拿出100多元，北京支部成员和社会主义青年团员也都有捐助。1921年1月1日，长辛店劳动补习学校正式成立。

学校分日夜两班：日班是工人子弟上课，课程与普通国民高等小学堂的课程基本相同；夜班是工人上课，教师由北大师生担任，教材由教师自己编写。为了启发工人的阶级觉悟，教师们不仅上课，还到工人家里去谈心。1921 年五一劳动节这天，长辛店爆发了中国现代史上第一次有组织的工人示威游行活动。张国焘和邓中夏等人还多次到唐山，与铁路工人中的先进分子邓培等研究发动工人、建立中共组织的工作。

主持中共一大会议

1921 年 6 月 3 日，马林受共产国际委派来到中国，同先期到达上海的尼科尔斯基一起，与上海共产党早期组织负责人李达、李汉俊取得联系，开始指导中国共产党成立大会事宜。北京共产党早期组织接到上海共产党发起组关于派两名代表参加中共成立大会的通知后，立即开了一个选举代表的会议。据刘仁静回忆，选代表的那次会是认真的，气氛也是好的。首先大家一致选张国焘。张国焘是北京共产党早期组织的发起人之一，北京支部的活动一般不烦扰李大钊，所以张国焘就是日常工作的实际组织者、负责人。在选第二个代表时，邓中夏、罗章龙都曾是候选人，但他们两人都因工作忙不能分身而无法参加，最后确定刘仁静。李大钊因公务繁忙，没能抽身去上海。由于南陈北李均不能出席会议，大会的筹备工作就落在了上海代表和北京代表身上。

张国焘提前去上海，与李达、李汉俊共同为中共一大的召开做准备工作。初到中国的马林因为工作方法不当与李达、李汉俊等弄得不愉快，筹备工作因三人不能达成一致而困难重重。作为马林翻译的张太雷，因为只是社会主义青年团员，无权干涉党内事务。张国焘到达上海，与马林谈论了北方工人运动的情况和代表大会的筹备问题，相处融洽，意见也较为一致，使马林与李达、李汉俊等中共早期党员之间的紧张关系得到缓和。接着，张国焘便与李达、李汉俊等人一起，在马林的指导下开展筹备工作。各地代表陆续抵达上海，大家提议由张国焘来主持会议，这一提议得到了马林的同意。

1921 年 7 月 23 日晚，中国共产党第一次全国代表大会在上海法租界望志路 106 号李汉俊和李书城的寓所开幕。作为会议主持人，张国焘首先向大家报告了大会筹备的经过，说明了这次代表大会的意义，提出大会的主要任务是制定党的纲领和实际工作计划。接着，各地代表都发了言，但我们今天能看到的，只有张国焘代表北京党组织和陈公博代表广州党组织的发言材料。张国焘的发言稿 6000 余字，主要介绍了北京的政治、经济状况；比较详细地汇报了北京支部在工人和知识分子中开展工作的情况和经验。各地代表汇报完工作后，张国焘等人开始紧张地为大会起草党纲和决议草案。在第三、四、五次会议上，关于党员经执行委员会许可能否做官和当国会议员的问题，引起了代表们长时间的争论，张国焘是持否定观点的人之一。据包惠僧回忆："我们当时发言很自由，但是发言的人并不多。对有争论的问题主席作结论时总是说：大家发言都记录下来，有争论的问题，等下次开会时马林来了再作结论。"① 由于法租界侦探的干扰，最后一天的会议转移至浙江嘉兴南湖一艘游船上召开。会议选举陈独秀为中央局书记，张国焘负责组织工作，李达负责宣传工作。从此，中国的历史揭开了新的一页。

党成立伊始，高度重视工人运动，根据马林的提议，同年 8 月，成立了公开的中央机构中国劳动组合书记部，领导全国工人运动，张国焘任主任，总部设在上海，北京、汉口、长沙、广州、济南等地设立分部。在《共产党》月刊第 6 号上，发表了张国焘等起草的《中国劳动组合书记部宣言》。中共一大召开前夕的 7 月 20 日，浦东英美烟厂工人为

① 中共中央党史研究室第一研究部译：《共产国际、联共（布）与中国革命文献资料选辑》（1917—1925），北京图书馆出版社 1997 年版，第 261 页。

要求改善待遇而罢工。张国焘、李启汉在报纸上看到这一消息后，便立即参与领导，使工人自发的罢工斗争置于中共的领导之下。罢工坚持了两个多星期，迫使厂方接受工人部分要求，取得胜利。

1922年1月21日，在莫斯科召开的远东各国共产党及民族革命团体第一次代表大会上，张国焘就中国形势问题作了发言。会议期间，他与国民党代表张秋白、工人代表邓培等受到列宁的接见。回国后，他向中共中央传达了远东会议精神，推动陈独秀等人对于中国革命的性质形成正确认识，促成在1922年7月召开的中共二大上，制定了民主革命纲领。

张国焘从莫斯科返回后，即投入筹备第一次全国劳动大会。1922年5月1日至6日，会议在广州召开，到会代表共162人，代表12个城市，27万会员。大会召开的第一天，全体与会代表和广州市工人群众五万余人举行了示威游行，队伍前头高举着一面上书“中国劳动组合书记部”的大旗。游行队伍在市第一公园召开了群众大会，张国焘与陈独秀、张太雷等发表了演讲。全国劳动大会的召开和劳动组合书记部的积极活动，促进了全国工人运动的开展。仅1922年1月到1923年2月，上海工人在书记部指导下就发动了48次罢工，参加罢工的工人达七万之多。

京汉铁路工人运动的工作基础较好。京汉铁路工会决定于1923年2月1日在郑州正式成立京汉铁路总工会。对此，中共中央十分重视，派张国焘前往郑州指导工作。2月1日，早上8点钟出席京汉铁路总工会成立大会的代表向会场整队进发时，遭到军警的阻拦，双方发生扭打。代表们奋勇冲进会场后，张国焘主持了成立大会。接着，总工会委员们决定，京汉铁路工人于2月4日全线举行总罢工。这天上午9时，江岸机车厂首先罢工，到中午12时，京汉铁路全线两万多工人全部罢工，1200多公里铁路顿时瘫痪。2月7日，军阀对罢工进行镇压。当时张国焘与一些罢工负责人藏身在一个村庄指挥罢工斗争，听到大屠杀消息后，马上指挥紧急撤离。在接下来的紧急会议上，为把损失降到最低，张国焘主张立即复工，但大多数与会者反对，认为应该坚持罢工，直到胜利。眼看已到了夜半时分，张国焘要求停止讨论，以中共中央和劳动组合书记部总部全权代表的名义下令立即复工。在这种情况下，众人只能表示服从。

1923 年 8 月，张国焘到北京从事铁路工会的领导工作。经过组织发动，1924 年 2 月 7 日至 10 日，全国铁路工人代表大会在北京秘密举行，出席会议的有全国 11 条铁路的代表 42 人。张国焘作了报告，大会通过了成立宣言，推选孙云鹏为委员长，张国焘为总干事。全国铁路总工会成立后，各铁路工会组织工作取得了一定的成绩。

厉行肃反　错杀将士

1924 年 5 月，中共汉口地委秘密机关被反动当局查获，京汉铁路总工会委员长杨德甫被捕叛变。5 月 20 日，张国焘从上海参加中共中央扩大会议回到北京的当天，李大钊即告诉他，北京军警当局已拟定了即将逮捕 100 多人的黑名单，其中第二名是李大钊，第三名是张国焘。李大钊要张国焘赶紧回到住所和办公地点，将文件收拾一下，从速躲藏起来。但张国焘没有按照李大钊的要求去做，结果在第二天清晨被捕。在敌人的严刑下，他供出了李大钊、陈独秀、谭平山、张昆弟及北京的中共党员，还供出了他所知道的全国铁路各工会的中共党员共 71 人，成为可耻的叛徒。

根据张国焘的供认，京畿卫戍司令王怀庆密信内务部总长程克严令各地军警缉拿。李大钊由于事先得到敌人抓捕他的消息，化装成商人前往昌黎五峰山，幸免于难。而其他党员没能逃脱，全国铁路总工会委员长孙云鹏被捕，各地铁路工会负责人40多人被捕或被通缉。中共领导的北方铁路工人运动受到严重破坏。由于出狱后的张国焘隐瞒背叛的情节，在党内继续得到重用。

自1927年6月以来，以陈独秀为首的中共中央在鲍罗廷等人指导下作出的一系列决定，都是企图以妥协让步来拉住汪精卫、唐生智。事实证明，这样反而助长了反革命的气焰，随时都有发生反革命政变的可能。这时，共产国际提出改组中共中央。7月12日，组成了张国焘、李维汉、周恩来、李立三、张太雷五人中央临时常务委员会。中央临时常务委员会受任于危难之时，第二天，就发表了《中国共产党中央委员会对政局宣言》。7月15日，汪精卫召开了“分共会议”，正式宣布武汉国民党与中国共产党决裂。为了保存党的优秀干部，中央临时常务委员会决定对集中在武汉三镇的干部进行疏散。凡能秘密返回原地原籍工作的便派回原地原籍，不能返回的，派到其他地方工作，其中大部分派到南昌参加起义。7月底至8月初，中央临时常务委员会已详细制定了秋收暴动的战略计划，还派李立三、邓中夏、谭平山等一部分中央负责同志前往九江，准备联合尚能倾向革命的国民革命军第二方面军张发奎部，打回广东，继续革命。他们到九江后，发现张发奎靠不住，提出以国民革命军第二方面军中叶挺所掌握的第十一军、贺龙的第二十军，加上朱德指挥的受共产党影响的第五方面军第三军的军官教育团和南昌公安局的保安队为主力，在南昌举行暴动，并将意见转告中央。中央临时常务委员会和国际代表罗明纳兹立即表示同意。

正当起义的各项工作在紧张准备之际，张国焘奉中共中央之命，到南昌向前委传达共产国际和中共中央指示，主张一定要得到张发奎同意后方能举行起义。7月27日，张国焘先到九江，与恽代英、贺昌、高语罕、关向应等前委成员召开会议，要求重新讨论发动南昌起义，与会者激烈反对，坚持起义如期举行。7月30日，他又匆匆来到南昌，前委立即召开紧急会议，张国焘再次劝阻南昌起义，遭到坚决反对。正在此时，传来张发奎投靠汪精卫的消息，张国焘不得不同意南昌起义的计划。之后，在11月中央政治局召开的扩大会议上，他受到党内处分，直到1928年中共六大召开，张国焘才重新进入中央委员会和政治局。六大后，他作为中共驻共产国际代表，被留在苏联工作。

1931年3月，中共中央决定派张国焘前往鄂豫皖苏区，担任鄂豫皖中央分局书记兼军委书记。鄂豫皖革命根据地是红军将士在极其困难的环境中，坚持从根据地的实际出发开展灵活机动的游击战争，逐步发展壮大起来的。张国焘到任后，马上成立鄂豫皖中央分局，改组鄂豫皖革命军事委员会，整顿党的组织。同时，采取一系列有效措施解决了当时最急迫的粮食问题，度过了春夏之交的极度粮荒，为根据地的发展奠定了物质基础。此时，张国焘认为鄂豫皖根据地存在一个“极大反革命组织”，只有采取“大肃反”的形式，才能纯洁党的组织和革命队伍。他以红四方面军的“白雀园大肃反”为起点，先是制造舆论，再是抓人、杀人，其场面之大，情景之恐怖是罕见的。许继慎、周维炯、熊受暄、姜镜堂、潘皈佛等许多红四方面军著名将领以及一大批干部战士，被分别扣上“AB团”“改组派”“第三党”“预谋兵变”的罪名，惨遭屠戮。将近三个月的肃反，肃掉了2500名以上的红军指战员，十之六七的团以上干部被逮捕、杀害。肃反在苏区各县党组织、政府和地方武装中造成的损失更无法统计。

1932年10月，张国焘、徐向前等率领红四方面军近二万人离开鄂豫皖苏区，向西战略转移。12月，红四方面军前敌委员会得知四川军阀正在混战，川北敌人兵力较为空虚，地势险要，物产丰饶，回旋余地更为广阔。遂于12月15日，在大巴山北麓西乡以南的钟家沟召开团以上干部会议，确定了进军川北建立革命根据地的方针。12月下旬，红军经过浴血奋战占领了通江、南江、巴中三座县城及大部分地区，建立了川陕革命根据地。在根据地，解决粮食问题、整顿和扩编地方武装、动员群众参军拥军、加强政权建设、开展经济建设和发展文化教育事业，卓有成效。之后，连战连捷，队伍迅速壮大，1933 年 10 月红四方面军扩编为五个军八万人。但是，在川陕根据地，张国焘继续执行极左路线，以反对“托陈取消派”与“右派”为名，错杀了旷继勋等一大批革命领导干部和群众，严重损害了党在红军将士、根据地人民中的良好形象，对党和革命事业的危害极其严重。

长征路上另立“中央”

1935 年 3 月，为策应中央红军北进入川的作战战略，与中央红军会师北上抗日，张国焘率红四方面军开始战略转移即长征。6 月 12 日，红四方面军先头部队与中央红军先头部队在四川西北的达维实现会师。但是，张国焘对当时的形势做出极端悲观的估计，认为革命处于“总退却”阶段。当他看到中央红军经过万里转战，衣衫褴褛，人员锐减，更加悲观，错误地认为红军只有退向中国的西北部荒无人烟的少数民族地区——西藏、青海、新疆等地才是出路。中央和中革军委则认为应集中力量向东、向北发展，去川陕甘一带开辟新的根据地。

6 月 26 日的两河口会议就是要寻找一个适合红军发展、革命复兴的根据地。会议主要围绕要不要打松潘进行讨论。张国焘明里不好反对打松潘，实际上不愿当先锋。6 月 29 日，中央政治局常委会议增补张国焘为中革军委副主席。两河口会议期间，张国焘打听到中央红军不足三万人，而他有八万多人，自恃兵强马壮，拥兵自重，开始想当头了。他设宴款待聂荣臻和彭德怀，又是要拨两个团给一军团、三军团补充部队，又是送大米、牛肉干和二三百大洋进行“慰劳”，挑拨中央领导关系。6 月底，中央红军离开两河口后，继续翻越雪山北上。7 月 18 日，为了照顾红军的团结，中共中央任命张国焘为红军总政治委员。

接着，中央红军向松潘毛儿盖地区进发。红军先头部队于1935年7月上旬到达这一地区，与守敌展开八天激战，才得以攻克。8月4日至6日，在沙窝召开了政治局扩大会议。由于形势的变化，中革军委不得不放弃夺取松潘的作战计划，并于8月3日制定《夏洮战役计划》，向甘南大区域发展。会议重申两河口会议决定，创建川陕甘苏区。在讨论领导人选时，争论激烈，张国焘在多提拔工农干部的名义下，提出增加四方面军九人进政治局。会议最后决定增补徐向前、陈昌浩、周纯全为中央委员；何畏、李先念、傅钟为中央候补委员；其中陈昌浩、周纯全二人增补为政治局委员。会议还决定，任命陈昌浩为红军总政治部主任，周纯全为总政治部副主任；恢复红一方面军番号，成立红一方面军总司令部，由周恩来任司令员兼政治委员。沙窝会议后，中共中央决定红军分两路继续北上。此前，为加强一、四两个方面军的协同作战，将两方面军混合改编为左右两路军。这次进一步明确，右路军由中共中央和毛泽东、周恩来，以及前敌指挥部的徐向前、陈昌浩、叶剑英率领，以毛儿盖为中心集结，左路军由红军总部朱德、张国焘、刘伯承率领，在卓克基等地集结，向阿坝地区开进，到达后即东进，在班佑同右路军靠拢，然后两军向甘南进军。

张国焘在沙窝会议上同意所作的决议，但一回到住地就变了卦。他在召集的红四方面军部分军以上干部会上公然提出，要西出阿坝，占领青海、甘肃边远地区，并率左路军开向阿坝地区。8月20日，中央政治局在毛儿盖召开扩大会议，毛泽东指出应采取积极向东发展的方针，左路军应坚持向东打，不应因一些困难转而向西。张国焘没有参加毛儿盖会议，中央通过多种形式将会议决定电告他，要求左路军迅速来班佑，并力东进。但是，张国焘拒不执行中央北上东进的决定，在中央的一再电催下，于8月30日率左路军一部从阿坝东进草地，但刚进入草地没两天，就驻足不前。9月5日，张国焘强令已经进入草地一小半的左路军，从噶曲河畔返回阿坝，走出草地，电令徐向前、陈昌浩率右路军南下。9月8日晚，中央领导人张闻天、毛泽东、博古、王稼祥在周恩来住处牙弄召开会议，徐向前、陈昌浩也参加了会议，要求张国焘执行中央北进指示。9月9日，张国焘命令右路军南下，企图分裂和危害中央。为避免红军内部可能发生的冲突，毛泽东、张闻天、周恩来、博古等紧急磋商，决定立即率领红一、三军和军委纵队连夜转移，脱离险境；并指定右路军统归军委副主席周恩来指挥。9月12日，在俄界召开的政治局扩大会议上，指出张国焘不得中央同意，私自把部队向对于红军极端危险的方向调走，是逃跑主义的表现，要求张国焘立即取消南下的命令，服从中央决定继续北进。

张国焘再次拒绝中央的劝告和挽救，10月，他自恃人多势众，在四川理番县（现马尔康县）东南的卓木碉另立“中共中央”，自任主席。红四方面军在南下途中，与蒋介石的“围剿”大军正好迎面相撞，使红四方面军损兵折将，伤亡惨重。康北地区生存环境恶劣，农业生产技术

1937年在延安。左起：张闻天、康生、周恩来、凯丰、王明、毛泽东、任弼时、张国焘。

落后，缺粮情况严重，军队得不到补给，处于极度的困境之中。广大指战员强烈要求北上与中共中央会合，共同抗日。1936年，张国焘南下不得，西进失败，不得不率部北上。针对张国焘的行为，中共中央在坚决与之斗争的同时，也以很大的耐心对他进行了教育和挽救。从苏联回到陕北的张浩利用共产国际代表的身份，做张国焘的工作。在此情况下，张国焘取消了另立的“中共中央”，北上与中央会合。

逃离陕北 走向深渊

在延安，中共中央对张国焘进行了实事求是的批判和仁至义尽的挽救，并委以陕甘宁边区政府副主席、代主席的重任。张国焘却以消极态度加以对抗。这时王明来到延安，提出要抓紧反托派的斗争，搬用的都是共产国际的指示，这让张国焘不寒而栗。当他得知自己最为信任的得力干将李特、黄超被王明等当成托派杀掉，还说他有托派嫌疑时，他坐不住了。

1938年的清明节，中共中央决定由陕甘宁边区政府副主席张国焘陪祭黄帝陵。4月4日，张国焘与国民党西安绥靖公署主任蒋鼎文同祭黄帝陵，祭祀完毕后一头钻进了蒋鼎文的小车去了西安。4月17日，张国焘在武汉发表声明脱离中国共产党，次日，中共中央作出《关于开除张国焘党籍的决定》。当时负责中组部工作的陈云，告诉还在延安的张国焘夫人杨子烈张国焘叛逃的消息，杨子烈显得十分吃惊，当即痛骂张国焘“不仁不义”，又表示自己要去武汉寻找。毛泽东对杨子烈说，你可以去武汉。在杨子烈上路时，毛泽东还指示有关部门给了她500元法币做路费，但她一去之后，杳无音讯。①

张国焘投奔国民党后，加入了“国民政府军事委员会调查统计

① 参见《党史文苑》1990年合订本，第55页。

局”，就任特种政治问题研究室主任，为中将军衔，任务是训练特务，策反共产党。经过一段时间的筹备，特种政治问题研究室建立。随后，办了一个训练班，戴笠亲自兼训练班的班主任，张国焘任副班主任，主持实际工作。训练班的主要课程有蒋介石言论集、中共问题、共产主义之批判、情报学等。张国焘则亲自担任共产主义之批判这门课，内容主要是如何从思想上、理论上反共。戴笠看着训练班根本达不到预期的效果，办了两期就宣布停办了。

张国焘又提出在共产党控制区及其外围设立策反站以瓦解共产党，戴笠马上照他的计划办理。要人给人，要钱给钱。但几个月下来，没有策反过来一个人，被派出去的人有的还一去不复返。张国焘派人拿着戴笠的信件，到太行山区，请二十七军军长范汉杰帮忙进入八路军防区活动，结果音讯全无。

从此，张国焘在“军统”备受冷落。“中统”却聘其为“对共斗争设计委员会”的中将设计委员兼主任秘书。张国焘在“对共斗争设计”方面实在拿不出什么好主意，也提供不出有价值的情报。抗战初期，张国焘进了“国民参政会”。抗战胜利后，一直领着虚衔的张国焘在江西同乡熊式辉的推荐下，被委任为行政院“善后救济总署”江西分署署长，这是一个肥缺，不久遭到排挤，只好挂职而去。1948 年 6 月，张国焘“弃官从文”，在上海办创进周刊社，出版《创进》周刊。1949 年，解放战争进入尾声，当时国民党许多高官显要已纷纷逃往台湾。张国焘也带着全家逃去台北，但在台湾举目无亲，生活艰难，年底转往香港居住，靠写稿维持生计。“文化大革命”开始后，张国焘移居加拿大。

1979 年底，张国焘死在多伦多一家养老院。谁能想到这位客死他乡的老人，竟有过跌宕起伏的政治生涯和诡异曲折的人生经历。

参考文献：

[1] 张国焘：《我的回忆》，现代史料编刊社 1989 年版。

[2] 路海江：《张国焘传记和年谱》，中共党史出版社 2003 年版。

[3] 张树军：《张国焘传》，红旗出版社 2009 年版。

[4] 姚金果、苏若群：《张国焘传》，天地出版社 2018 年版。

陈公博

五四运动以后，马克思主义在中国广泛传播，正在北京大学读书的陈公博自然受到新思想的冲击。在陈独秀的帮助下，他参与发起成立广州共产党早期组织，出席中共一大，是中国早期共产主义运动的活跃分子。但他并不是一个信仰坚定的马克思主义者，去美国留学前后，他的人生抉择发生根本变化，脱离共产党，从马克思主义热情宣传者转变为坚决反对者。回国后，他加入国民党，成为武汉国民政府的重要人物。1927 年宁汉分裂时，他积极追随汪精卫。1938 年 12 月以后，陈公博又站在人生的十字路口徘徊。最终，他成为汪伪政权“第二号人物”，汪病死后，继任汪伪政府“元首”，这使他走上了通往深渊的绝路。陈公博不断变换的政治面貌和曲折多变的人生，无不给世人以深刻的警示。

军门之后

陈公博，1892 年 10 月 19 日出生于广州北门的一个官宦之家。父亲陈志美早年从军，能征善战，参加过镇压太平天国农民起义军，因军功被赏赐过黄马褂，官至广西提督，人称“陈军门”。陈志美年届 60 才喜得贵子，对陈公博百般呵护，宠爱有加。陈公博从小聪颖异常，但体弱多病，六岁开始读书识字，喜欢读各种旧小说，如《水浒传》《封神榜》《三国演义》《西游记》《红楼梦》等，九岁正式进入私塾，拜自命为康梁传人的梁雪涛为师，主要学习传统的“四书”“五经”。他白天在塾馆读书，晚上回家看小说，把广州能找到的小说全读完了。他小说读多了，又去找正史看，几年之内，便把《通鉴辑览》《纲鉴易知录》甚至二十四史全翻了一遍。他自信、我行我素，讲究行侠仗义、重承诺，敢为朋友两肋插刀，不问其他。陈公博除了每日读书以外，家中还雇有两位拳师专门教习棍棒拳剑，使他练就了一副好身手。

陈公博出生前后，正是近代中国社会发生剧烈变动的时代，广东又是资产阶级革命团体活动的中心，以孙中山、黄兴为首的资产阶级革命党人在这里频频举行反清起义。父亲陈志美身居一品武官，却在从军时就曾加入过秘密会党“三合会”，早有反清思想。1903 年，陈志美、傅佐高在香港革命党人支持下，以秘密会党为主力，准备在除夕那天在广州双门底举行反清起义，由于计划泄露，起义未成。陈志美并不气馁，不再对儿子隐瞒，而是让陈公博处理北江地区会党以及旧日部下通讯联络的任务。1906 至 1907 年间，陈志美变卖家产，与傅佐高等革命党人经过两个多月的密谋策划，于 1907 年旧历 4 月 17 日起义。15 岁的陈公博跟随父亲到老家乳源参与组织起义。起义失败后，陈志美被清政府革去顶戴，打入死牢。为救狱中的父亲，陈公博找了许多父亲的故交，通过兵部尚书铁良才由“斩监候”改判为“终身监禁”。

陈志美入狱，彻底改变了陈公博的生活道路，陈家的财产已在准备革命的过程中消耗殆尽。为避难，陈公博陪母亲到香港，后回广州，以打工艰难度日。虽然生活极度困难，但他求学的意愿十分强烈，1908 年，陈公博进入专门培养贫穷子弟的育才书社，学习英文三年。1911 年 10 月，武昌起义爆发，11 月 10 日，广东军政府宣告成立。作为反清先驱的陈志美当选为广东省议会议员，兼任广东都督府军事顾问。傅佐高当选乳源县议长。年仅 20 岁的陈公博已是同盟会的老会员，当选乳源县议员。傅佐高一度提议将议长的职位让给他。同时，与陈志美一起入狱复出的湖南人黎萼自任民军领袖，想让陈公博当参谋。然而历经沧桑的老父迎头给他泼了一瓢凉水，希望他去读书长知识。陈公博听从父亲的劝诫，辞了议员、参谋，当了学生军，入伍半月，当上班长，一个月后又升为司务长，不久，学生军解散。

1912 年 10 月，80 岁的陈志美病逝，没有给陈公博留下任何财产。接下来，陈公博在育才书社任教两年，因工资很低，无法靠积蓄读书。1914 年，他考入广州法政专门学校，学校规定成绩 90 分以上可以获得免交学费的资格。陈公博在法政专门学校读书的三年，成绩一直都保持在 90 分以上，同时兼香港一家报馆的通讯员，月薪 30 元，勉强能够一面养活母亲，一面求学。1917 年夏，陈公博考入北京大学哲学系。当时的北大校长蔡元培主张学术自由和兼容并包方针，北大已经成为新文化运动的中心，陈公博所在的哲学系，尤其思想活跃。但是，一向热衷政治的陈公博，对蓬勃兴起的新思潮运动，采取了冷眼旁观的态度。1919 年 5 月 4 日，大规模的学生反帝爱国运动在北京爆发，北大校园沸腾了，陈公博却游离于运动之外，基本是个旁观者。他作为北大哲学系的班长，虽不得不出席学生召集的一些会议，但很少发言，更不上街游行和演讲。

在北大三年，虽然陈公博对政治运动不感兴趣，读书却非常用功，每晚读至深夜三四时，对辛亥革命后的重人政治问题——军阀割据潜心进行专门研究。他写成了《督军问题》一书，于 1919 年 1 月印行，对军阀割据体制系统地提出了自己观点，受到了当时国民党领袖汪精卫、廖仲恺等的赏识。

主编《广东群报》

1920 年夏，陈公博从北大毕业，与他的同乡谭平山、谭植棠一起，先去上海创办了《政衡》杂志。不久，返回家乡广东。这时的广东局势正向有利于革命的方向发展。这年8月，孙中山再举“护法”旗帜，不久，重返广州主持军政府。五四运动后，包括马克思主义在内的各种新思潮在广东已开始传播。为生计，陈公博在母校广东法政专门学校任教，谭平山和谭植棠则到广东师范专门学校任教。他们一面在学校教书，一面商议如何在广东推行自己的政治主张。陈公博在北大学习期间，曾兼任广东四家报纸的通讯员，深感广东报纸商业气息太浓，决定创办一份大型报纸，宣传新思想和新文化。经费是办报首先要考虑的问题，他们决定主要靠筹股解决。由于当时办报不仅不赚钱，还要赔钱，所以很少有人愿意入股。他们就各自拉了几个同学入股，好不容易才集资3000元，还不足所需半数，尽管如此，也没有动摇陈公博等人办报的决心。陈公博后来回忆说：“股东既不肯投资，不独我的衣物典尽当光，连太太的金钏也上了质库作排字工人的伙食了。”[①] 在办报过程中，他们曾致信向昔日的老师陈独秀请教。陈独秀复信表示热忱支持，还为《广东群报》创刊号撰写《敬告广州青年》一文，对广州革命青年

廣東羣報
THE SOCIAL

《广东群报》

① 陈公博：《我与共产党》，《寒风集》第四版，地方行政社1945年版，甲第203页。

寄予了殷切的希望。1920年10月20日,《广东群报》创刊出版，由陈公博为总编，谭平山为新闻编辑，谭植棠为副刊编辑，报纸定为日刊，每日两大张，对工人和学生以七折优惠。陈公博以极大的热情投入到办报中，为报纸的生存与广东当局不断交涉，同时筹措经费，物色人选。

在中共创建时期，陈公博在《广东群报》发表了大量抨击时政及宣传新文化的文章。这些文章文笔犀利、战斗性极强，如《新文化的恶空气》《女子运动与女子参政》《对于停工的一种感想》《可怜的生活和主张》《市参事的批评》《太平洋会议中的莫斯科》《党》《变乱高压下的民意》《为取缔工会条例警告当局》《我们主张一致收回澳门》等，旗帜鲜明地表达自己的观点和立场，推动新文化、新思想的传播。《广东群报》在陈公博的主持下办得很有生机，在广东思想界引起巨大震动，受到进步人士的普遍欢迎。在1922年3月出版的《新青年》第9卷第2号上有如下介绍:《广东群报》是中国南部文化运动的总枢纽，是介绍世界劳动消息的总机关，是广东十年来恶浊沉霾空气里面的一线曙光。

《广东群报》创办之初，就开设了《马克思研究》专栏。在这个专栏里，连续登载了由陈公博翻译的《马克思的一生及其事》一书，系统地介绍了科学社会主义原理，使广州广大青年对马克思主义开始有了初步的了解。《广东群报》实际成了广东地区传播马克思主义的重要阵地。

陈公博不仅宣传马克思主义，还指导工人运动。当时的广州，大多数工厂和商店采用了工会制度，但都属于“黄色工会”，即资本家控制的工会。陈公博在《劳动与妇女》杂志上发表《广州工人危机》一文揭露说，现在一些工会不是由一两个资本家在那里暗地里指挥，就是被一两个野心的包办家借着工会的名义，到处出风头，做现实政治的傀儡。把个本来是“避免和反抗资本家的压迫”的工会，变成了“反纳他的强暴”“先迎他的压迫”的工具。他号召工人，要为独立的政治训练和独立的自育组织，快起来大联合，并在工会里“排除资本家，排除政客，自己教育”自己。[①]1921年2月13日，陈公博出席广州理发工会会议，并在会上发表演说，强调工人阶级应当联合起来，不单单是理发工人应当联合，整个世界的工人都应当联合起来。

早在1920年8月，陈公博等人接到陈独秀要他们在广州建立共产党早期组织的来信后，就成立了中国社会主义青年团。由于没有明确的宗旨，没有严密的组织，至次年3月至4月间自行解散。1920年底，共产国际代表别林斯基等人，曾在广州建立苏俄通讯社，以此为掩护，进行组建共产党的活动。他们成立的广州共产党组织，其成员大部分是无政府主义者，由于观点不同，陈公博、谭平山、谭植棠没有加入这个组织。12月25日，陈独秀应陈炯明之邀去广州担任广东省教育委员会委员长。根据他在北京和上海两地的经验，起草了一份党纲，提交给广州共产党组织讨论，明确提出无产阶级专政，这与无政府主义的主张相冲突。为排除无政府主义的干扰，陈独秀亲自主持与无政府主义者展开论战。为配合这次论战，陈公博在《广东群报》连载《中国历史上的社会革命》一文，还在《广东群报》连续发表长篇评论《共产主义与无政府主义及议会派的比较》，热情讴歌了俄国布尔什维克创立的苏维埃政权的组织形式。通过论战，一扫无政府主义在广州的影响，划清了无政府主义与科学社会主义的界限。1921年3月，陈公博、谭平山、谭植棠等重建广州共产党早期组织，谭平山任书记，谭植棠管组织，陈公博负责宣传。《广东群报》起了广州共产党早期组织机关报的作用，增开了许多新的栏目，如《工人消息》《特别调查》《列宁研究》《俄国通讯》《俄国研究》等专栏。

广州共产党早期组织建立以后，成立了马克思主义研究会和宣传员讲习所。宣传员讲习所是广东教育委员会属下的一个公立教育机构。

---

① 中共中央党史资料征集委员会:《共产主义小组》(下)，中共党史资料出版社1987年版，第729页。

学员是从社会青年中招考的，以陈公博为所长，教务则由谭平山、谭天度、谭植棠等人主持。分甲乙二班，每班有516人，不收学费，伙食自备，讲课内容为反帝反封建、社会主义、群众运动、阶级斗争等。宣传员讲习所还附设有工人夜校，如机械工人学校，以加强对工人的宣传教育工作。在进行马克思主义宣传的同时，陈公博还和谭平山等人一起，建立工人组织，同时吸收新党员，扩大中共组织。至中国共产党成立前，广州共产党早期组织有了较大的发展，除吸收了广州地区的一些革命分子加入外，原在上海参加党组织的沈玄庐、李季、袁振英和武汉党的负责人包惠僧，也参加了广州党组织的活动，从而使广州党组织成为继上海、北京之后，国内有影响的党组织之一。

留下中共一大史料

1921年6月，上海共产党早期组织的李达、李汉俊分别致信各地党组织，要求各派两位代表赴上海参加中共成立大会。广州共产党早期组织接到通知后，立即在谭植棠家中举行会议。谭平山是广州党组织的负责人，因公务繁忙，加上陈独秀又让谭平山协助他筹款，所以没有时间赴会。陈公博已是广东很有影响力的政治活动家，很受陈独秀的赏识，又恰逢暑假，成了参会最佳人选。成立中共的活动极其秘密，陈公博是以疗养和补度蜜月的名义前往上海的。7月14日，他带着新婚妻子李励庄经香港转乘轮船，7月21日到上海，住进了南京路大东旅馆。

7月23日晚，中国共产党第一次全国代表大会在上海法租界望志路106号李汉俊、李书诚兄弟的寓所举行。会议期间，陈公博代表广州共产党早期组织详细地汇报了在发展组织和扩大宣传方面所做的工作及其进展情况。7月27日、28日、29日三天，代表们讨论由起草小组起草的会议文件草案。在党员能否当议员或到现政府做官等问题上出现了激烈争论。陈公博不同意硬性规定党员不许到现政府做官的意见，认为“共产党是应该斗争的，为什么连校长都不可干”①。“这一篇宣言我根本反对，辩论很久，宣言终于通过了。我直急得跳起来，找佛海汉俊商议补救的方法”②。“但第二天另一项决议案又议决，宣言的发表留待中央执行委员会决定。”③

7月30日晚会议刚开始，突然遭到暗探注意和法国租界巡捕的搜查。在马林的建议下，参加会议的其他代表都快速离开会场。陈公博主动留下来陪李汉俊。十几分钟后，一群法国巡捕就蜂拥而至，密探们花了一个多钟头，仔细地搜查李公馆，惟有放在抽屉的一份共产党组织大纲草案始终没有被发现。巡捕没有找到什么证据，悻悻而去。陈公博道别李汉俊，摆脱密探的跟踪，赶回大东旅馆，烧掉箱子里的几份文件。然而，清晨五点多钟，他被一声很尖厉的枪声和一女子锐厉悲惨的呼叫声吵醒，天亮后才知是隔壁房间的一个女房客被人枪杀了。他担心受牵连，马上带着妻子离开了大东旅馆。接着，他去向李达、张国焘告假，傍晚便带着妻子去杭州游玩了。几天后，他从杭州回到上海，“佛海来找我，才知道最后大会已经在嘉兴的南湖船上开过，会议算至结束。”④

陈公博是中共一大代表中较早留下有关中共一大会议文字记录的人。就在中共一大结束之后十来天，他在《新青年》第9卷第3号上写了一篇散文《十日旅行中的春申浦》。文章详细记述了法国巡捕搜查中共一大会场的情形。更神奇的是陈公博还留下了《共产主义运动在中国》的硕士论文。这篇论文写于1924年，于20世纪70年代由美国哥

① 陈公博：《回忆中国共产党的成立》，《“一大”前后》（二），人民出版社1980年版，第420页。

② 陈公博：《回忆中国共产党的成立》，《“一大”前后》（二），人民出版社1980年版，第421页。

③ 陈公博著、韦慕庭编、中国社会科学院近代史研究所翻译室译：《共产主义运动在中国》，中国社会科学出版社1982年版，第102页。

④ 陈公博：《我与共产党》，《古今》半月刊第35期，1943年。

伦比亚大学韦慕廷博士发现。硕士论文里收录了六份有关中共一大的文件，其中四份是独此一份的重要文件。

脱党留美攻击马克思主义

回到广州之后，陈公博继续在法政专门学校任教，并主持宣传员讲习所的工作。其他时间主要花在广州党组织和《广东群报》的工作上。他在《我与共产党》中这样写道："说也奇怪，广州的共党并没有用过苏联一个钱，既没有地址，更没有人事费……我和平山植棠都有职业，在各校当教授，以每月的赢余，充作党的费用，这样辛辛苦苦支持了一年。"[①] 可见，在这段时间里，陈公博工作还是认真负责的。然而，中共一大会议上的不快情绪始终挥之不去。一件是同志间的关系。据陈公博回忆，"当日（大会开幕的日子）原议每日开会均须更换地点，以免人注意。但一连四日都在李汉俊的贝勒路家内开会，我觉得有些诧异，那天恰恰早上张国焘来找我，我问他为什么与原议不符。他说李汉俊是有问题的，他的主张不是列宁理论，而是柯茨基理论，他是黄色的，不是红色的，我们在他家内开会，他似乎有些恐慌。他愈恐慌，我们偏要在他那里开会。我听了这句话，默然不答，心想，呵，原来如此！我以为同志间应当相见以诚，相规以义才对，国焘这样做法，简直是和汉俊为难，连同志的安全都不顾，现在第一次代表大会便有这些倾轧现象，以后恶果，可想而知。我看上海俨然分为两派，互相磨擦，互相倾轧，我内心冷然，参加大会的热情，顿时冷至冰点，不由得起了待机而退的心事。"[②]

连续在李汉俊家开会究竟出于什么原因，因其他当事人没有提到

① 陈公博：《我与共产党》，《古今》半月刊第36期，1943年。
② 陈公博：《我与共产党》，《古今》半月刊第35期，1943年。

此事，后人也就无从判断。其实，中共刚刚诞生，还处在幼年时期，理论和思想上的准备都不足，在某些问题上出现争论，是很正常的现象。但陈公博渐渐地对自己的信仰和行动产生了质疑。

陈公博是负责宣传工作的，但他说："自己是共产党员，而且又负了广东共产党的责任，但是对于共产党的理论只是一种名词上的宣传"；"闲常问起仲甫也不能解答……我当时即下定决心舍弃广东的事业，去美国留学。"[①] 陈公博要深入学习马克思主义，为什么不到莫斯科而选择去美国呢？他说，这是出于两个原因，一是他的英文已有些根底，到了美国用不着重新学习语言，能够事半功倍。二是去美国可以半工半读。陈独秀还在广州任教育委员长时，陈公博曾把留学的想法告诉陈独秀，陈独秀十分赞成。

1921 年底，陈独秀回上海担任中央局书记，正当陈公博为留学作准备时，张太雷携带陈独秀写给他的信来到广州，代表陈独秀要他立刻去上海，又劝他留学不必去美国，何不去莫斯科。陈公博听后，气得"肝火已动了，我为什么要到美国的理由也不愿再申说"[②]。陈炯明在广州发动政变后，中共中央于 1922 年 8 月下旬召开西湖会议，决定与孙中山建立革命统一战线。张太雷就是在杭州会议之后，前往广州传达中共中央这一决定的，目的就是要陈公博割断与陈炯明的所有联系。陈独秀等批评陈公博在陈炯明事变中未与中央保持一致。陈公博看了陈独秀写来的信后，气得"三尸神暴，七窍烟生"，认为自己"没有做过陈炯明的官，没有拿过陈炯明的钱，并且也没有见过陈炯明，陈炯明是红是黑的，我都不清楚"。他认为"陈仲甫应该知道，刚去上海的谭平山也应该知道，何以两人知而不言，他们不止够不上做朋友，而且更够不上做人"。他给陈独秀写信，信中质问陈独秀，附带骂谭平山。最后，"声

① 陈公博：《我与共产党》，《古今》半月刊第 35 期，1943 年。。
② 陈公博：《我与共产党》，《古今》半月刊第 35 期，1943 年。

明自今以后独立行动，绝不受党的羁束了，我也从此脱离共产党了。”[①]

1922 年 11 月，陈公博得到汪精卫的大力支持与帮助，离开广东取道上海、日本赴美国哥伦比亚大学攻读经济学硕士学位。由于经济比较拮据，陈公博一边读书，还要兼任一所华侨学校的老师，赚取一点薪水来支持生活费用。同时，他在芝加哥订了马克思的全部著述。在入学的第一年，陈公博除了研究经济史和经济学史之外，其余时间都用来研究马克思主义理论。1924 年，陈公博完成了《共产主义在中国》的硕士论文，获得美国哥伦比亚大学授予的硕士学位。在这篇论文中，陈公博对马克思主义学说大肆批评，成为地地道道的反马克思主义者，这是他作出的又一次人生抉择。

国民党要人　改组派先锋

获得硕士学位后，陈公博继续申请博士学位，但由于经济困难，写信给广东省省长廖仲恺请求接济 1000 元论文印刷费。廖仲恺正忙于国民革命事业，身边正缺得力人手，只寄去 600 元旅费，要求他回国效力。陈公博考虑再三，于 1925 年 4 月回到广州，在广东大学任教授，经廖仲恺动员、介绍加入了国民党，再次登上政治舞台。由于汪精卫和廖仲恺的信任和支持，不久，陈公博便担任了国民党中央党部书记。7 月，广州国民政府成立，陈公博任军事委员会政治训练部主任和广东省农工厅长。廖仲恺遇刺身亡后，陈公博接替廖出任中央农民部长。1926 年 1 月，在广州召开的国民党二大上，陈公博当选为国民党中央执行委员，不久升任中央常务委员。短短几个月，陈公博如坐天梯，从一个新党员，进入到国民党决策层的核心圈子，这些都与汪精卫提携密切相

① 陈公博：《我与共产党》，《古今》半月刊第 36 期，1943 年。

关。促使陈公博成为汪精卫忠实追随者的一个重要原因，是陈公博赴美留学，得到了汪精卫的鼎力相助。

同年 3 月，蒋介石制造了中山舰事件，接着，又在国民党二届二中全会上提出整理党务案，用阴谋手段打击共产党人和排挤汪精卫。在这个时期，陈公博与汪精卫和廖仲恺是一致的，扮演了国民党左派的角色。但在一定程度上，又对共产党不满，同情支持西山会议派及蒋介石的限共、反共措施。

1926 年 7 月，北伐战争开始，陈公博成为蒋介石的重要随员随军北上。攻克武昌后，蒋介石委任陈公博为湖北新政府的财政委员会主任兼政务委员会委员。稍后，陈公博又兼任外交部湖北省交涉员和江汉关监督。他一上任先打破租界不许中国人行走和军队进入的惯例。随着北伐顺利进军，蒋介石的总司令部迁驻南昌，陈公博被任命为江西政务委员会主任，主掌江西新政府大权。此时的陈公博，因受到蒋介石的信任与提携，与蒋靠得很紧。

同年 10 月，国民党中央决定国民政府迁都武汉。蒋介石本是同意的，想在武汉实现以军治党、以军治政，但是又惧怕武汉地区高涨的工农运动，临时提出要迁都南昌。于是国民党内部左、右两派围绕迁都问题展开了激烈的争斗。陈公博受蒋之托，奔走各方，并劝蒋先迁都武汉，以后再择机图谋。在各方压力下，蒋介石接受建议，同意迁都武汉，并改组国民党中央党部，任命陈公博为代理组织部长，不久，蒋介石去上海，加快反革命的步伐。1927 年 4 月，汪精卫到汉口，成为武汉国民政府的首脑，陈公博再次靠拢汪精卫，成为汪精卫坚定的支持者。这年 4 月 12 日蒋介石在上海发动反革命政变后，7 月 15 日，汪精卫在武汉搞“分共”，轰轰烈烈的大革命失败。从此陈公博走上了坚决反共的道路。

陈公博随汪精卫到南京，企图“宁汉合流”，蒋介石排斥异己，引起桂系不满，8月蒋介石下野。但是新成立的国民党中央特别委员会，桂系处于主导地位。汪精卫不得已返回武汉，与唐生智结合，成立武汉政治分会，与南京的“特别委员会”相对抗。陈公博则作为汪精卫的代表南下广州与张发奎联合。同年10月，唐生智的军队被桂系击败。为了对付桂系和南京的“特别委员会”，蒋介石、汪精卫又重新联合，驱逐了在广东的李济深。这时张太雷等乘广州防卫空虚，举行了著名的广州起义。虽然起义被镇压，但汪精卫、陈公博在国民党内被攻击为“准共产党”，蒋介石乘机东山再起。年底，陈公博被迫逃往香港。

但是，陈公博并不善罢甘休，不久回到上海，利用人们对国民党统治的不满，提出“重新改组国民党”的口号。他于1928年5月7日在上海创办了《革命评论》，发表一系列文章，提出系统的“改组国民党”的主张，这一主张在一部分苦闷彷徨的知识分子中有一定影响。他们既反对蒋介石的专制独裁，也不同意中国共产党的政治主张，希望能在不推翻国民党统治的前提下在中国走改良主义道路。这年冬，陈公博等成立“中国国民党改组同志会”，总部设在上海，在全国各省市陆续建立了十多个支部，在中国香港、日本、越南、新加坡、法国等地还建立了支部，会员全盛时达一万多人。蒋介石恼羞成怒，于1929年初在南京召开的国民党第三次代表大会上作出决定，永远开除违反本党纲纪的陈公博出党。5月，陈公博从法国回到香港，扯起了“护党救国”的大旗，发表了“讨蒋檄文”。6月，汪精卫、陈公博掀起“护党救国运动”，与唐生智、张发奎、阎锡山、石友三、李宗仁等组成护党救国军，起兵反蒋。经过几个回合的斗争，到12月，各路护党救国军被蒋介石软硬兼施，很快各个击破，改组派败下阵来，被迫解散。

九一八事变后，各政治派别又暂时团结起来，蒋介石和汪精卫又开始合作。汪精卫就任行政院长，陈公博任国民党中央民众训练部长、行政院实业部长。但军事、财政、外交等项大权，都掌握在蒋介石手里。1936年2月，汪精卫辞去行政院长职务，出国就医疗养，陈公博亦辞去了所有的职务，但仍留在南京，静观国内形势的变化。同年12月，西安事变发生，蒋介石被囚。陈公博主张对西安进行军事讨伐，欲以此置蒋于死地。陈公博和汪精卫一样，是反对国共重新合作，一致抗日的顽固反共分子。蒋介石回南京后，蒋、汪再次合流。

随汪叛逃　走上绝路

1937年7月7日，卢沟桥事变爆发，蒋介石南京政府最终下定抗日决心。但同时，蒋介石也想寻求通过外交途径结束战争。12月，陈公博以专使身份访问欧洲各国，争取国际上，尤其是意大利对中国抗战采取中立态度。这时，日本近卫首相发表不以国民政府为对手的声明，蒋介石没有接受。但汪精卫、周佛海等"低调俱乐部"却秘密与日本政府进行谈判，试探"和平"的行动开始了。汪精卫告诉陈公博："中国国力已不能再战"，"假使敌人再攻重庆，我们便要亡国。"[①] 此时，汪精卫的代表已与日方代表在上海签署了一系列协议，统称"重光堂协议"，汪精卫降日已成定局。

"去"与"留"对陈公博来说是又一次重要的人生抉择，思之再三，终究派系政治集团利益占了上风，陈公博决计随汪投敌。应该说，陈公博在大是大非面前，未必不认识随汪叛国投敌的严重后果，因此，在汪精卫"艳电"发表后，他一直居留香港观望。1940年1月21日，高宗武、陶希圣突然在香港《大公报》上公布了汪日密约，结伴复归重庆，两位"和平运动"急先锋的"临阵倒戈"，沉重打击了汪伪集团的叛国活动。正忙于在青岛与先前成立的北平伪中华民国临时政府、南京

---

① 黄美真、张云编:《汪精卫集团投敌》，上海人民出版社1984年版，第31页。

伪中华民国维新政府会谈组织新伪政府的汪精卫，一时深感形势险恶。对此，陈公博却“愤愤不平”，对汪精卫个人的“前途”表示“莫大的忧虑”，于是决定出手相助，公开走上叛国投敌的绝路。

1940年3月，陈公博到达南京，担任伪中央政治委员会委员、伪立法院长及伪军事委员会政治训练部部长等职。3月30日，汪伪政权“还都”南京，他以伪立法院长身份发表广播讲话，说他们“是要救回四分五裂的国家的，是要救回水深火热的人民的”，跟着他们，“不但可以建设新的近代的中华民国，中日也可以永久和平”①。

8月31日，汪精卫与阿部信行草签卖国条约《中日基本关系条约》。陈公博不仅主持伪立法院通过了这个条约，而且还接二连三发表讲话，宣传称颂条约对中日两国和平的意义。11月5日陈公博接任伪上海市政府市长后，对上海实行了极严酷的所谓“治安措施”，对上海市民的生活生产活动，严密监视与掌控，建立了一整套的户籍登记制度，保甲、连保连坐。1941年2月18日，伪上海市政府令各区公署迅速具报有关规定，要求每遇7月7日、8月13日、9月18日等日军侵华纪念日及11月30日汪日关系条约签订日在上海实行戒严，以镇压任何有可能发生的抗日爱国运动。陈公博还兼任各种高级职务，如“清乡”委员会副委员长等。

1944年3月，汪精卫因病赴日治疗。根据汪的提议，由陈公博代行伪国民政府主席之职，伪最高国防会议、伪中央政治委员会会议、伪军事委员会常务会议等，也都由陈公博主持。同年11月10日，汪精卫在日本病故。陈公博继任伪行政院长，并代理伪“国民政府主席”，兼任伪军事委员会委员长及伪新国民运动促进委员会委员长、伪经济委员会委员长，正式成为汪精卫的接班人。

---

① 王申主编:《中国法制史》，浙江大学出版社2007年版，第373页。

陈公博受审

1945年8月15日，日本天皇发表《终战诏书》，宣布无条件投降。第二天，陈公博主持召开伪中央政治委员会最后一次紧急会议，通过了伪国民政府解散宣言。汪伪政权解散后，陈公博亡命日本，不久被引渡回国。在全国人民“严惩汉奸、快惩汉奸”的呼声中，1946年6月3日，陈公博以“通谋敌国，谋图反抗本国”罪被处以死刑。

参考文献：

［1］陈公博：《寒风集》（甲），上海地方行政出版社1945年版。

［2］陈公博：《苦笑录》，东方出版社2004年版。

［3］陈公博著、韦慕庭编、中国社会科学院近代史研究所翻译室译：《共产主义运动在中国》，中国社会科学出版社1982年版。

［4］石源华：《乱世能臣：陈公博》，团结出版社2008年版。

周佛海

中共一大代表中，周佛海是一个狡诈多变的投机政客。他在五四时期研究过社会主义，参与了创建中国共产党；在国共合作革命高涨的北伐战争期间，又脱党而去，成为蒋介石的亲信；在日本大举侵华，国民党内政治走向发生分歧时，他又一变而为汪伪政权的股肱之臣。他在历史潮流中作出了复杂多变的人生抉择，期望创造辉煌，最终却被抛入历史的垃圾堆。

研究和介绍社会主义

1897 年 5 月 29 日，周佛海出生于湖南省沅陵县凉水井镇窝溪村周家冲一个破落官僚家庭。父亲周夔九，清末举人，曾入湘军幕府，立过军功，晚年在福建省莆田县署衙任典吏。1909 年，因禁鸦片受诬告而被迫自尽。母亲马氏是个很有见识的女人，丈夫死后，带着二子一女，扶榇千里，返回沅陵，家境已大不如前。她辛勤劳作，节衣缩食，靠薄田数亩，勉强维持生计。在福建时，父亲专门为周佛海兄弟俩设家塾，返乡后，周佛海不得不在离家六七里的乡塾继续读书。四年的乡塾教育，周佛海熟读“四书”“五经”，每天

周佛海

习文写字、吟诗作词，凭着刻苦与聪明，在国学方面打下了扎实的基础。1912 年，周佛海以第一名的成绩考入县立高等小学堂。不久，母亲给他包办了一门婚事，女子名叫郑妹，大他三岁，婚后周佛海继续读书，郑妹为他生下女儿周淑海、儿子周少海。

1915 年，周佛海入读县城沅陵中学，愈益勤奋，除学好规定的科目外，还向一个曾经留学日本早稻田大学的蒋先生学习日语。护国战争后，沅陵中学来了一位历史地理老师邓竹铭，他不仅学识渊博，而且关心时事，还特别器重学习刻苦、意气风发的周佛海。从邓竹铭那里，周佛海读到当时的进步刊物《东方杂志》《时务报》，渐渐留心时事政治，不时撰写几篇有关时局与政治的评论文章，交给邓竹铭修改，因为留心政治，居然隐隐有了以天下为己任的雄心。

一个偶然的机会，偏居山野县城的周佛海得以出国求学。沅陵县中校长吕鹤立听说到日本留学一年只需要 150 元左右，如果在日本一年内能考取官费留学生的话，就由中国政府出资。于是他决定集体凑钱在校内选派几名成绩好的学生去日本留学，周佛海被选中。校长吕鹤立率先拿出 30 元，学校老师和同学一共凑了 130 多元。母亲卖掉家里仅有的 8 亩田地，又东拼西凑了 200 元。离别之日，周佛海拜别暗自垂泪的老母，离开了妻子儿女，自此，再没有回过这个家乡的小山村。

1917 年 7 月底，周佛海去日本东京，先学习日语，同时补习其他课程。次年 5 月，段祺瑞政府与日本签订出卖中国权益的《中日共同防敌军事协定》，这个条约为日本帝国主义出兵侵占东三省北部及中东铁路路权，提供了合法的条约依据。在谈判过程中，部分条款被揭露。留日学生召开联合大会，组成“大中华民国留日学生救国团”，集体分批回国请愿。周佛海虽然到日本不久，但受到如此激昂的反日爱国热潮的影响，也积极响应回国主张，由于经济条件的限制，多方筹谋不成，只得作罢。

当时中国政府规定：留日学生只有考进东京第一高等学校、东京高等师范学校、东京高等工业学校、山口高等商业学校、千叶医学专门学校才给官费。当时日本的高等学校相当于高级中学，考取后还要先读一年预科。而在东京第一高等学校毕业后，不需要考试可以直接进入帝国大学，所以报考人数多，是最难考取的学校。经过短期复习，周佛海从600多名考生中脱颖而出，在录取的50名学生中以第四名的成绩进入日本第一高等学校，获得官费留学的待遇。经过预科一年时间学习，周佛海选择了最南端的鹿儿岛第七高等学校，学习了两年，1922年3月直接入读京都帝国大学经济学专业。

在日本的求学生涯，周佛海异常吃苦勤奋，求知欲十分强烈。每天早晨6点30分起床，至晚上11时入睡，每天学习时间长达15个小时之久。读书期间，他深受社会主义与民族主义思潮的影响，特别是俄国和德国革命的刺激，在完成功课之外，用了较多的时间，努力阅读时事政治类的杂志和书籍。他边读边把想法记下来，整理成文，投寄到上海《救国日报》，没想到稿件被发表。

进入第七高等学校第一年，除了功课之外，周佛海只看社会主义的书籍。当时受五四运动影响，马克思主义在国内得到广泛传播，介绍马克思主义的报刊大量涌现，大量讨论社会主义的文章和译文，真伪难辨。1919年10月，周佛海撰写的《中国的阶级斗争》在《解放与改造》杂志第1卷第7号上发表。这是周佛海一篇具有代表性的政治长文。文章歌颂无产阶级反抗资产阶级和资本主义制度的斗争，认为这是一个不可阻挡的世界潮流，预见未来的中国必将掀起阶级斗争的巨浪；他还用马克思主义的观点，介绍了阶级斗争产生的原因；提出中国还不是一个完全意义上的资本主义国家。因而，中国革命绝对不可能是一场无产阶级反对资产阶级的革命，应该是一场“寄生阶级”与“自给阶级”间的革命的结论。历史已经证明，把“靠着先人的财产而生活的子弟和一般无业的游民”作为革命的对象，显然是错误的。不久，他又陆续发表《物质生活上改造的方针》《教育的解放》《精神生活的改造》《社会主义的性质》等文章。

另外，在这段时间里，周佛海还翻译、发表了日本人室伏信高著的《工行社会主义之国家观》《社会主义与劳动组合》等多篇论文，翻译出版了日本人生田长江、本间久雄合著的《社会问题概观》，还有美国社会主义者希尔葵著的《社会主义的理论与实际》等书籍。在短短的两年时间里，有如此大量的作品发表和翻译，可见俄国十月革命胜利给周佛海带来的巨大冲击。

参与中国共产党创建

周佛海经常在《解放与改造》发表文章，所得稿费丰厚，除小部分用来自己购买图书外，大部分寄回湖南老家用于养母及家用。丰厚的稿费帮助贫困的周佛海解决了许多实际问题。1920 年暑假，周佛海回国省亲，哪知一到上海，便不能前进了。湖南发生驱逐督军张敬尧运动，湘军与湖南人民群起而逐之，战事紧张，道路阻塞。滞留上海期间，周佛海去拜访《解放与改造》的主编张东荪，两人谈得非常投机。张东荪与几个朋友当时组织“共学社”，翻译世界名著，特请周佛海翻译克鲁鲍特金的《互助论》。周佛海在国内读书时，十分爱读《新青年》杂志，去日本后，常给《新青年》投稿，在当时国内宣传社会主义的圈子中小有名气。陈独秀也通过阅读他的文章，知道有这么一个热心于社会主义的青年。当时的陈独秀正在与共产国际代表维经斯基商讨创建中国共产党，急需对马克思主义有研究的人才，便约见周佛海。周佛海在张东荪、沈雁冰的陪同下，去环龙路老渔阳里 2 号，拜访陈独秀。

陈独秀将共产国际代表维经斯基介绍给大家。维经斯基侃侃而谈，认为中国现在新思想太复杂，有无政府主义、工团主义、社会主义、基尔特社会主义，五花八门；而且做文章，说空话的人太多了，实际行动一个也没有，这绝不能推动中国革命，他希望大家组织“中国共产党”。张东荪不赞成，所以后来的会议都没有参加。周佛海与沈雁冰赞成，经过几次会商之后，大家便决定组织起来。当时，陈独秀很欣赏周佛海的积极、热情，要他根据大家讨论的意见，草拟一个筹备工作计划，尔后，便分头派人到各地工作。正是在上海期间，周佛海加入上海共产党早期组织[①]，直到开学日期临近，才回鹿儿岛的学校。在上海期间，周佛海常常去湖南同乡李达家做客，通过李达的夫人王会悟，认识了杨淑慧，俩人一见钟情。杨淑慧也算富家小姐，其父是上海总商会的主任秘书。周佛海便飞书老家将在家吃苦受累、照顾老小的结发妻子郑妹休了。

上海共产党早期组织成立后，为了统一建党思想，1920 年 9 月把《新青年》杂志改为党的公开刊物，同年 11 月，又创办了《共产党》月刊，在全国一些主要城市秘密发行。五四运动后，马克思主义者与反马克思主义者之间，关于共产主义适不适合于中国、要不要建立无产阶级专政等问题上，展开了激烈的论战。回到日本的周佛海，在第 1 号、第 4 号和第 5 号《共产党》月刊上先后发表了《俄国共产政府成立三周年纪念》《我们为什么主张共产主义？》《夺取政权》三篇文章。在《俄国共产政府成立三周年纪念》中，他介绍了俄国布尔什维克党的斗争历史和政治主张，指出了无产阶级专政的必要性，驳斥了那种把实行无产阶级专政是和民主主义相矛盾的谬论。他在《我们为什么主张共产主义？》一文，把矛头直指无政府主义者，批驳无政府主义反对强权，反对无产阶级专政，反对马克思主义关于国家学说的种种谬论。在《夺取政权》一文中，他论述了中国应如何进行改造，明确指出夺取政权就必

① 参见马连儒：《风云际会 中国共产党创始录》，中国社会科学出版社 2001 年版，第 216 页。

须以革命的手段，推翻反动阶级的统治。

周佛海在《新青年》上也发表了多篇文章。1921年1月1日，《新青年》第8卷第5号上刊登了周佛海的《实行社会主义与发展实业》《劳农俄国底农业制度》。前者针对研究系梁启超、张东荪等人的基尔特社会主义论调进行批驳，指出我们不能走资本主义的道路发展实业，可以采用社会主义的方法发展实业，消除劳资两阶级的对立和斗争。后者详细介绍了俄国土地的没收和分配、所有制的形式、农业的社会化、国有土地的经营、集体化的生产等方面的情况。5月1日，他在《新青年》第9卷第1号上发表的《近代文明底下的一种怪现象》一文，揭露了在生产力高度发达的资本主义制度下，为何会出现物质匮乏、物价昂贵、生活困难、失业增多等现象，指出“要铲除近代文明底下的这种怪现象，就要先铲除生出这种怪现象的资本制度！”6月，《新青年》第9卷第2号上刊登他的《从资本主义组织到社会主义组织底两条路——进化与革命》。文章认为旧制度不会自己崩溃，新制度不会自然产生，必须以革命的手段，打破旧制度，建立新的社会主义制度。

周佛海与施存统两人都是1920年在上海参与了中共的创建。上海共产党早期组织成立后，因为健康原因，施存统在戴季陶的资助下，离开上海去日本养病和留学。陈独秀、李达一直与在东京的施存统保持通信联络，介绍在日本读书的周佛海的情况，让施存统及时与周佛海联系，尽快创建党组织。不久，旅日共产党早期组织成立，施存统为负责人，周佛海为成员。因周佛海、施存统两人忙于各自的学业，所以旅日党组织发展十分缓慢，至中共一大前，成员只有施存统、周佛海两人。

1921年6月3日，共产国际代表马林抵上海，与上海共产党早期组织负责人李达、李汉俊进行几次交谈，建议尽早召开全国代表大会。随后，李达、李汉俊向各地共产党早期组织寄发会议邀请函，要求各地派出两名代表赴上海参加中共一大。周佛海本来就打算暑假回国，这样就由周佛海作为旅日共产党早期组织代表参加会议。当然，周佛海回上海还有一个重要目的，就是再次见到杨淑慧，这次见面后，他直接向杨淑慧求婚，还在上海滩闹出了一场“恋爱风波”。1921年7月23日晚，中共一大在望志路106号李书城、李汉俊兄弟的寓所开幕。从7月24日至29日，在李汉俊家召开了四次会议。7月30日晚，密探扰乱会场这天，周佛海没有参加会议，因为那天下午忽然闹肚子，就一个人在住的地方躺在地板上迷迷糊糊地睡着了。大约晚上12点，他忽然醒来，看见毛泽东走进房间，才知道是出了大事。后来，周佛海抱病前往嘉兴，参加了南湖会议。周回忆：“到了南湖，租一只大船，荡在湖中开会，真是人不知鬼不觉。当日讨论最烈，因为张国焘等主张南北是一丘之貉，对于南北政府，应一律攻击。我和包惠僧主张应与广东政府合作。”①

蒋介石的亲信

一大以后，中共把主要工作放在工人运动上。同年8月，在上海成立了中国劳动组合书记部，周佛海参加了这个组织的领导工作。他深入到日本纱厂为中国工人开办日语夜校，便于工人们同日本资本家进行斗争。同年，共产国际在莫斯科召开了远东各国共产党及民族革命团体第一次代表大会。周佛海奉命由上海赴长沙、武汉、安庆等地，负责挑选赴会代表。完成任务回到上海，已到开学时间，周佛海就携杨淑慧返回了日本鹿儿岛。周佛海在上海、长沙、汉口、安庆等地的活动，在鹿儿岛留学的中国学生都不知情，日本警察却已经知道，暗中对他进行监视。警方还通过学校对周佛海施加压力，他的老师们警告他，要他注意停止一切与共产党有关的活动，否则就有被开除的危险，这让试图通过读书改变自己命运的周佛海深为惊恐。

① 周佛海：《逃出了赤都武汉》，《黄浦周刊》第8期，1927年7月2日出版。

1922年3月，周佛海决定入读京都帝国大学经济科，因为著名的日本马克思主义权威学者河上肇当时正在京都帝大任教，周佛海此时还想进一步研究马克思主义。周佛海在回顾这一阶段的思想变化时曾说："照道理说，我们听了他（河上肇）几年的课，读了他许多的书，非共产主义者，都应该变成共产主义者。谁知适得其反，本为共产党员的我，听了他的讲，反不赞成中国实行共产主义来了……我们几个同志常常讨论研究，结果我们一致主张中国经济方面，目前只能采用国家资本主义，渐次向着社会主义进行……他极力反对'早熟的社会革命'，他以为时机过早的社会革命，不仅不能促进社会进步，而且要引起社会的退化。"[①] 周佛海无条件地接受了河上肇思想中的非马克思主义成分，即有关"早熟的社会革命"的论述，无视中国半封建半殖民地的国情，从实用主义出发，得出共产主义、马克思主义不适合中国的错误结论。

尽管周佛海对共产主义理论越来越抵触，但他还没有正式脱党。此时，施存统刚刚被日本当局驱逐回国，在日本东京只有周佛海一人是中共党员，他关心更多的是吃饭问题。带着为了他私奔的杨淑慧一起生活，全靠每月官费维持，生活极其清贫。尤其是这年10月20日，他们的第一个孩子周幼海在日本出生，一家三口的生活实属艰难，因此，他拼命挣稿费贴补家用。

到了1924年，周佛海的人生又一次面临大的抉择。1924年4月，担任广东国民党中央宣传部长的戴季陶飞函周佛海，邀他前往广州帮忙。周佛海携带妻儿，立即离开日本帝大，兼程回国，戴季陶要他担任宣传部秘书，每月薪水大洋200元；接着邹鲁也聘他兼任广东大学教授，每月薪水大洋240元。这样不仅解决了周佛海因即将毕业面临的就业问题，并且得到高薪。按照当时中共中央的规定，周佛海应按累

① 中华民国史事纪要编辑委员会编:《中华民国史事纪要初稿》[中华民国十六年（1927）一至六月份]，1977年版，第979页。

进额每月交纳党费70多元，杨淑慧认为丈夫赚钱不易，交这么多党费太可惜，于是鼓动周佛海脱党。周佛海从未形成过坚定的共产主义信仰，对十分弱小的中国共产党本来就不看好，就给中共广州区执行委员会写了一封信，说明他的思想变化，要求脱离共产党。中共广州区委负责人周恩来十分重视，亲自登门做周佛海的思想工作，周佛海根本听不进劝告。次日，他反而给中共广州区委邮寄了一封长信，坚持退党要求。1924年秋，在对周佛海无法挽救的情况下，中共中央为纯洁党组织，准其脱党。周佛海对自己的这一人生抉择好不得意：我的矛盾既获解决，我的生涯开了一个新纪元，我的生活得了一个新天地。

脱党后加入国民党的周佛海，迅速成为“戴季陶主义”的忠实信徒和吹鼓手。1925年4月，周佛海邀集广东大学教授，如谢嬴洲、黄季陆等人，创办了旨在反共的《社会评论》周刊。周佛海发表的《中山先生思想概观》，排斥和反对马克思主义，宣称只有三民主义，才是救国主义，认定在中国实行社会主义革命是不可能的。8月，周佛海将此文印成了小册子，戴季陶特地写了《再版言》，对周佛海倍加赞扬。周佛海先后在《孤军》《独立青年》等杂志上发表一系列的文章，为国民党右派和蒋介石的反共活动制造舆论，这些文章一度使周佛海在国民党右派中名声大振。11月，周佛海博得西山会议派的青睐，被推为宣传部长，当时因种种关系，没有正式就职。

1926年，北伐军节节胜利，蒋介石的地位也一天天高升。9月，由戴季陶推荐，周佛海从上海去武汉效力蒋介石，被蒋任命为行营秘书，成为蒋介石的近臣亲信之一。10月10日上午，北伐军终于攻克武昌城，周佛海随行营搬进武昌城内原吴佩孚的督署，当天与总政治部一些官兵分乘汽车到汉口散发传单，开展宣传活动。1927年2月，中央军事政治学校武汉分校成立，周佛海任秘书长兼政治部总教官。由于邓演达兼职很多，军校的教务基本由周佛海主持。尽管蒋介石在国民党内的领袖地位不断面临挑战，但周佛海坚定效忠，随蒋进退，蒋视其为心腹。四一二反革命政变后，蒋介石建立了与武汉政府相对峙的南京政府，周佛海忠实追随蒋介石。8 月，蒋介石被迫下野，周佛海失去靠山便也离职而去。

1928 年 1 月，蒋介石东山再起，周佛海为蒋介石代拟重要文稿，负责出版《新生命》月刊。他既是主编又是主要撰稿人，发表了很多文章，这些文章被整理成《三民主义之理论的体系》，此书曾三版，在三个月中销售四万余册。在这本书里，他把自己装扮成孙中山三民主义的理论权威、卫道者，宣传拥蒋反共的理论。他认为国民革命要继续下去，首先就要打破民众运动为共产党所把持的局面，而国民党的当务之急，理论上要“确定一个三民主义的中心理论”。他在《三民主义之理论的体系》的《自序》中，毫无隐讳地说：“在中国这个地方，在现在这个时代，除却三民主义之外，就不应见异思迁地信仰别种主义。”[①] 周佛海写此书的目的不过是歪曲孙中山的三民主义思想，假借三民主义，反对中共所主张的马克思主义。

蒋介石当然对周佛海欣赏有加，提拔他为中央陆军军官学校政治部主任。同年 4 月，第二次北伐时，他作为蒋介石的文胆之一，随军行动，在后来的中原大战中，一直在蒋介石的身旁，为其出谋划策，起草文牍。蒋介石论功行赏，周佛海被任命为军事委员会训练总部政治训练处长，兼总司令部政治部主任，挂中将衔，官阶又晋升一步，从而确立了他在国民党军队政治系统中的地位。在 1931 年 11 月国民党四大上，由于蒋介石的提携，周佛海当选中央委员，且得票最多，号称“状元中委”，进入国民党中央的领导机构。国民党四大后，蒋介石被迫于 12 月再次下野。下野前蒋作了周密布置，因为江苏是国民政府首都所在地，

① 周佛海：《三民主义之理论的体系》，《新生命月刊社》1928 年 8 月 1 日版，第 6—9 页。

为了加强对这个地区的控制，任命亲信顾祝同为江苏省省长，周佛海为江苏省政府委员兼教育厅厅长，在这个位置上，周佛海干了七年。蒋汪合作后，周佛海又担任了国民党民众训练部的部长，开始进入中央的行政领导机关。1937 年 8 月，周佛海又被任命为蒋介石战时大本营第二部（政略部）副部长，侍从室第二室副主任，再次成为蒋介石的随从秘书。1938 年 3 月，国民党在汉口召开临时全国代表大会，周佛海被任命为宣传部副部长、代理部长，在国民党国民政府内，他达到了自己个人权势的顶峰。

三号大汉奸瘐死狱中

周佛海在国民党内，原是蒋介石的亲信，与汪精卫素无渊源，之所以追随汪精卫，除了政治上的野心之外，主要是因为与汪在抗战问题上的认识和主张是一致的。1937 年 1 月，汪精卫从欧洲回国，国民党中央委派周佛海等人赴香港迎接，汪、周两人在从香港到上海的船上，有过三次较为深入的谈话。卢沟桥事变发生后，尤其是在八一三淞沪抗战爆发后，汪、周之间的交往开始增多。周佛海在南京西流湾八号的三层西式洋房有个地下室，为了躲避空袭，他的一些好友相继撤到周家暂住。经常来的有顾祝同、熊式辉、朱绍良、梅思平、罗君强、陶希圣、胡适等人，每天必来的则是时任外交部亚洲司司长的高宗武。他们不仅仅是躲避警报，经常的话题是冀图在抗战之外，寻出一条对日“和平”的外交道路来，于是便以周佛海为核心，组成了“低调俱乐部”。他们通过对蒋介石进言，继而让汪精卫直接对蒋介石进行“劝谏”，促其走上对日“和谈”的道路，但均未能奏效。

进入 1938 年之后，随着华中和华南地区的相继沦陷，和促蒋主和希望的落空，周佛海在汪精卫的支持下，与陶希圣、梅思平、罗君强等成立“艺文研究会”，又与高宗武秘密策划，建立一个暗中与日本联络的机关。他甚至与汪精卫背着蒋介石派高宗武去日本，谋求“和平、妥协”。蒋介石知道后，十分恼怒。周佛海铁了心要将“和平运动”进行到底，最终，由拥蒋变为反蒋。1938年7月，周佛海背着蒋介石，密派高宗武亲自抵日，试探对日妥协的途径和条件。11月初，汪精卫、周佛海指派高宗武和梅思平为“中国方面”代表，同日方代表在上海虹口土肥原公馆重光堂内举行秘密会谈，签订了出卖中国的《日华协议》和《谅解事项》，接受日本要求的伪“满洲国”、共同防共和经济提携等各项卖国条件。12月5日，周佛海以视察为名离开重庆，19日，追随汪精卫从昆明叛逃到越南河内。周佛海是汪精卫集团叛国投敌的主要策划者，也是汪精卫伪政权建立的主要筹划者。周佛海的这次人生抉择，实质就是背叛国家、背叛民族解放运动，公开向日本法西斯主义投降。

1939年7月，汪精卫发表题为《我对于中日关系之根本观念及前进目标》的广播演说，公开宣传建立伪政权。与这呼应，周佛海立即发表《回忆与前瞻》，竭力吹捧日本侵略者，为他叛国投敌进行辩护，认为中国抗战必大败，唯一的出路，只有接受日本的条件，与日本“停战议和”等等。8月底，汪精卫、周佛海等人召开了汪伪国民党第六次全国代表大会，成立了伪中央党部。1940年3月20日，汪伪政权在南京粉墨登场，周佛海成为汪伪政权中的第三号人物。他担任了伪财政部长和伪中央储备银行的总裁，掌握了伪政权的财权，既控制了所有的财政收入，还直接掌管财政的支配；并任伪警政部长，直接掌握特务武装；还历任全国伪经济委员会副委员长，伪物资统制审议委员会委员长，既管财政金融，又管物资经济，成为汪伪政权的大管家。

成立伪政权后，周佛海在日本人默许下，做诱降重庆政权的联络工作，同时不忘瞒着日本人和汪精卫，向重庆时时表明自己的“苦心为国”的合作意愿。太平洋战争爆发后，周佛海感到日本势力的衰落，更是频频向陈立夫、戴笠、顾祝同等人示好，如出面保释被捕的国民党要员、搞物资交换等。1942 年 10 月，周佛海背着汪精卫，秘密派人潜赴重庆，面见戴笠，开展了“效命中央”的活动。他不断通过设在伪财政部上海办事处的秘密电台，为重庆方面输送了不少重要情报，根据“指示”，安插重庆的特工，保释重庆方面被捕人员，掩护他们在沦陷区内开展活动。他设计杀死了汪伪政权特务头子李士群，还利用自己的特殊地位，加紧反共。1944 年 11 月汪精卫病死于日本之后，日败局已显，周佛海愈加把自己的希望寄予重庆蒋介石集团。他利用所控制的武装，在上海及杭州一带部署军事力量，适应了蒋介石利用日伪军阻止新四军进入上海等地的需要。

1945 年 8 月 15 日，日本宣布无条件投降，汪伪政权覆亡。尽管周佛海在抗战后期为了绝处求生而向蒋介石押下生命赌注，并在战争结束前后为蒋立了大功，特别是在日军投降以后，为蒋介石稳住了宁沪杭重要地区。但他的一切努力并没有能挽救他的前程，在全国人民的呼声和舆论的强烈要求下，周佛海作为汉奸理所当然地被逮捕。1946 年 11 月，国民政府法庭以通谋敌国、图谋反抗本国的罪名，判处其死刑，褫夺公权终身，后减为无期徒刑。1948 年 2 月 28 日，周佛海因心脏病复发在南京老虎桥监狱病死，时年 51 岁。

周佛海受审

历史是公正的，周佛海为自己逆历史潮流而作出的人生选择付出了应有的代价，他背着汉奸的万世骂名而死去，最终受到了历史应有的惩罚。

参考文献：

[1]《周佛海日记》，上海人民出版社 1984 年版。

[2]《周佛海回忆录》，龙文出版社股份有限公司 1993 年版。

[3] 周佛海：《扶桑笈影溯当年》，《往矣集》第八版，古今出版社 1944 年版。

[4] 蔡德金：《周佛海》，河北人民出版社 1997 年版。

[5] 王晓华、张庆军：《大红大黑周佛海》，上海人民出版社 2012 年版。

[6] 张家康：《建党脱党反共叛国的周佛海》，《党史纵横》2011 年第 8 期。

后　记

嘉兴是中国革命红船起航地。近几年来，在上级有关部门和专家指导下，中共嘉兴市委部署成立课题组，先后组织开展了中共早期组织及其成员研究和中共一大嘉兴南湖会议研究，一定程度上填补了中共创建史研究的空白。在此基础上，红船精神研究院组织编写了“回首初心”丛书，旨在将最新的学术研究成果通俗化、大众化，帮助广大读者更好地理解和把握中国共产党人最早展现出来的初心。丛书列入中共浙江省委党史学习教育实施方案重点项目。

原中共中央党史研究室副主任李忠杰担任丛书编写顾问并作序。中共嘉兴市委常委、宣传部部长、红船精神研究院院长祝亚伟审定书稿，中共嘉兴市委宣传部常务副部长王登峰负责组织保障工作，红船精神研究院副院长黄允钰、嘉兴学院红船精神研究中心原执行主任陈水林负责统稿。中共浙江省委党史和文献研究室一级巡视员曾林平、浙江人民出版社资深编辑李子才认真审读书稿，中共党史出版社社长吴江、总编辑助理兼第三编辑部主任姚建萍对编写出版工作给予了全程全力指导帮助，在此一并表示衷心感谢。

谨以此书庆祝伟大的中国共产党成立100周年！

红船精神研究院

2021年3月